Trotzdem

Escola de aprendizes

Trotzdem 9

Escola de aprendizes
Escuela de aprendices
Marina Garcés

© Marina Garcés, 2022/3
© Editora Âyiné, 2023
Todos os direitos reservados

Tradução
Tamara Sender

Preparação
Maria Carolina Fenati

Revisão
Fernanda Alvares
Andrea Stahel

Projeto gráfico
Federico Barbon

ISBN
978-65-5998-061-1

Âyiné

Direção editorial
Pedro Fonseca

Coordenação editorial
Luísa Rabello

Direção de arte
Daniella Domingues

Coordenação de comunicação
Clara Dias

Assistência de design
Laura Lao

Conselho editorial
Simone Cristoforetti
Zuane Fabbris
Lucas Mendes

Praça Carlos Chagas, 49. 2° andar.
Belo Horizonte 30170-140

+55 31 3291-4164
www.ayine.com.br
info@ayine.com.br

Escola de aprendizes

Âyiné

Tradução
Tamara Sender

Marina Garcés

Sumário

13	Prefácio
19	1. Como queremos ser educados?
23	O aprendiz: um ponto de vista
28	Artes e modos de fazer
31	Política e poética
34	Não sabemos viver
38	Uma filosofia do aprendizado
43	2. A vergonha de ser
45	Políticas do rosto
48	Ser e parecer
50	A emoção do vínculo
53	O bote do leão
55	A vergonha de sermos humanos
61	3. Acolher a existência
63	Poder ser
66	Existências residuais
70	Mapas de acolhida
74	No limiar da escola
78	A professora ignorada

85	4. A quatro mãos

85	O convite
87	Aprendizado e reinvenção
90	As capacidades que não temos
94	Toda a cultura é uma evasão
97	A escola: onde voltar a começar

101	5. Elaborar a consciência

102	Guerra de cérebros
105	Plasticidade e flexibilidade
108	A dobra
112	O lado de fora da consciência

115	6. Atreva-se a não saber

115	O acesso ao conhecimento
119	Aprender a aprender
125	Saber não saber
131	Acolher a desproporção

135	7. Servidão adaptativa

136	A raiz nebulosa da servidão
141	A construção da autoridade
148	Disrupção e adaptação
153	Oportunismo, cinismo, medo
156	Carta aos estudantes

161	8. A aliança dos aprendizes

162	O mito da fabricação
165	A aliança dos aprendizes é um encontro
167	A aliança dos aprendizes se baseia no apreço mútuo
169	A aliança dos aprendizes funciona por composição
171	A aliança dos aprendizes gera um meio
174	A aliança dos aprendizes torna iguais os desiguais

177	9. Disputar os futuros

178	O tempo da promessa
183	Futuros póstumos
187	Opacidade
191	Saberes de futuro
196	Poéticas do tempo
200	Políticas da imaginação

205	*Epílogo*. Não queremos saber

he alçat un tenderol ran de la mar.[1]

Josep Carner

---

[1] Escrito em catalão, o verso pode ser traduzido por: «levantei uma barraca à beira-mar». [N. T.]

Prefácio

O tempo nunca é perdido.

Manolo García

Na noite em que começavam as novas restrições pela segunda onda de Covid-19 em Barcelona, eu tinha de percorrer um longo trajeto de carro. Era a noite de 17 para 18 de julho de 2020. Eu dirigia pela autoestrada e chorava. De cansaço. De impotência. De arbitrariedade. De um sentimento intenso de perda. Aleatoriamente, começou a tocar uma música da qual eu não me lembrava: *Nunca el tiempo es perdido*, de Manolo García. Eu a escutei várias vezes seguidas e de repente senti que seu refrão era a expressão mais doce e ao mesmo tempo mais desafiadora que podíamos dizer uns aos outros.

Perder o curso, perder o tempo, perder oportunidades, perder experiências, perder seguranças: são as ameaças com as quais nossa sociedade sempre nos faz sentir à beira da queda. Sempre estamos prestes a cair da roda do mercado dos presentes e dos futuros, se é que chegamos a entrar nela. Muitos nem sequer se aproximam dessa possibilidade. Não chegaram a tempo. São resíduos antes de terem jogado a primeira partida. Outros se mantêm na marginalidade precária e fazem da corda bamba não mais uma aventura, mas uma forma extenuante de normalidade. Alguns outros, poucos, acreditam estar movendo os fios de todos os demais, porém só o que fazem é viver na defensiva, preservando certos privilégios materiais e culturais que sempre veem prestes a serem perdidos. Uns e outros de nós não podemos perder tempo, porque o tempo declarou guerra contra nós.

A crise de 2008 teve como resultado o que se denominou uma «geração perdida». Foi uma sentença que se impôs cruelmente pelos meios de comunicação e que nossas sociedades, ou seja, pais, mães, políticos, professores, educadores sociais e os próprios jovens, aceitaram como uma condenação bíblica. Bem alimentados e bem formados, alguns conseguiram ir embora. Outros se incorporaram com resignação à precariedade econômica e existencial. Os mais jovens continuaram nas escolas e nas universidades, sem saber o que faziam ali, e ainda não sabem. Alguns denunciaram a exploração e se organizaram para combatê-la. Mas o fatalismo se impôs. De vez em quando se perde uma geração, como se perde uma colheita ou um barco numa noite de tempestade. São os soldados caídos numa guerra sem batalhas. Desde então, a perda se transformou numa condição previsível e constante. O não futuro já não é um grito de protesto, mas um destino que só pode ser gerido com mais ou menos medo. Mas alguém lhes perguntou «o que vocês viveram»? E «o que vocês se acham capazes de viver»? Talvez seu tempo fora do tempo tivesse aberto outro olhar sobre nossa vida, um aprendizado diferente do que podemos ou poderíamos ser. Quem estava preparado para escutá-los?

Chega o ano de 2020, e a pandemia da Covid-19 leva embora os mais velhos e cai como uma segunda onda de frustração sobre os mais jovens. Ao conjunto da sociedade, projeta uma pergunta: aprendemos alguma coisa? Aprendemos alguma coisa com os efeitos da crise financeira de 2008 e com seu impacto social e político?

Aprendemos alguma coisa com o confinamento vivido durante a pandemia e suas consequências ainda imprevisíveis? A sensação mais inquietante de nosso tempo é que parece que não, que não aprendemos nada. Reagimos continuamente, uns com medo e na defensiva, outros com gesticulação e na ofensiva. Mas o que significaria «aprender alguma coisa»? As reflexões deste livro se debruçam sobre essa pergunta.

Nós, humanos, somos aqueles que deveriam aprender tudo, mas nunca aprendemos nada. Essa é a tragédia da educação, não como sistema formal de instrução, mas como condição para chegar a ser o que somos. O que nos faz humanos é termos de ser educados para ser. E o que nos faz humanos, também, é que nenhum sistema educacional assegura que cheguemos a aprender algo importante e tampouco nos torna pessoas melhores. A história da humanidade encena esta tragédia: é uma longa cadeia de aprendizados e uma cadeia ainda mais extensa de erros. Acumulamos tanto conhecimentos quanto incompreensões, tanto inventos quanto desorientações. Então, por que educar? E o que é aprender? Será que o aprendizado não passa de um mecanismo mais ou menos sofisticado de sobrevivência e de competência? Ou é uma prática fundamental de criação e de transformação de nós mesmos?

Abordar essas perguntas implica adentrar o problema da educação sem se deixar capturar pelas armadilhas do debate pedagógico atual. Trata-se de um debate acalorado e polarizado que tem efeitos globais e realidades locais. No entanto, ainda que mobilize uma quantidade enorme de recursos e de atenção tanto acadêmica quanto midiática, é um debate preso a uma dupla esterilidade: por um lado, a esterilidade de um código de valores que se baseia em contrapor tradição a inovação, velha educação a novidades educacionais. Por outro, a esterilidade dos debates que se reduzem a questões metodológicas. A educação não é um assunto que se possa resolver apenas com inovação, nem tampouco apenas com metodologias mais sofisticadas. É uma prática de renovação constante que põe em jogo metodologias diversas, mas que direciona seu sentido para outra pergunta: por que aprendemos? Com quem e sob que horizonte de sentido? É claro que essa pergunta não tem uma resposta única. Cada um de nós aprende, ao mesmo tempo, por necessidade e por vontade, por obrigação e por paixão, a partir da coação e da transgressão. Os aprendizados nos inscrevem num mundo e ao mesmo tempo nos fazem extrapolá-lo, contestá-lo e desejar transformá-lo. Vinculam-nos e nos separam. Permitem-nos entender de onde viemos e nos fazem ver aonde não queremos ir. A educação é um ofício muito antigo, um conjunto de artes e de formas de fazer para o qual as metodologias são muito importantes. Mas, quando esse campo de tensões se reduz a um conflito entre metodologias, perdemos a noção do que está acontecendo. E o que está acontecendo é que não temos resposta para todas essas perguntas, apenas receitas que nos permitem dissimular.

Perdemos tempo e o futuro é nebuloso. No fim das contas, essa é a mensagem que domina nossa existência de pais, professores, aprendizes, filhos, estudantes, cidadãos..., humanos que nunca saberão ser humanos. A exortação de Rousseau, «humanos, sejam humanos!», é o abismo em que se perdem todos nossos aprendizados. A promessa da perfectibilidade se mostra fracassada, em termos históricos e antropológicos, mas também íntimos e existenciais. A experiência não ensina, e o que aprendemos não nos prepara para um futuro melhor. Pelo contrário. Então, por que continuar perdendo tempo e dirigindo esse tempo contra nós mesmos? A tentação da renúncia é forte. O abandono, a depressão, a reclusão. Sua outra face consiste no cinismo, no oportunismo e no egoísmo que dominam tantas decisões individuais e coletivas no mundo atual. Também impregnam o dia a dia das salas de aula. São as diferentes faces ou do abatimento, ou de uma fuga para adiante impulsionada pela frustração e pelo medo.

O tempo nunca é perdido. O refrão dessa música desafia a lógica devastadora e acolhe o desperdício, a perda, a falta de sentido e o excesso. Muitos estudantes perderam o curso em 2020 e voltaram a perdê-lo em 2021. Na vida, todos perdemos tempo continuamente, se o contabilizamos assim. Mas ninguém tem o direito de sentenciar que seu tempo foi perdido. Como um olhar atento ou a mão estendida, no refrão dessa música há um gesto que acolhe a existência. Não há nada a aproveitar nem a descartar, porque sempre vivemos em desproporção acerca de um tempo que não podemos transformar em nosso, mas que tampouco podemos deixar que seja declarado perdido. Meu livro *Novo esclarecimento radical* (Âyiné, 2019) terminava com uma espécie de lema: «Perdemos o futuro, mas não podemos seguir perdendo o tempo». *Escola de aprendizes*, escrito num tempo em suspensão, responde à exigência e ao desejo de tornar realidade essas palavras.

1. Como queremos ser educados?

Fala-se muito de educação. Nos últimos anos, o que parecia ser um assunto enfadonho e maçante para professores abnegados e pedagogos iluminados acabou parando no centro do debate público. Todo mundo opina, as publicações sobre educação se multiplicam, os meios de comunicação oferecem a essas questões espaços de destaque, e a pesquisa, tanto pública quanto privada, dedica a esse tema cada vez mais investimento, tempo e atenção. Fala-se muito de educação, portanto. Mas como e por quê?

Há momentos da história em que a educação se torna um tema central. São aqueles momentos em que a maneira como uma sociedade estava sendo educada deixa de ser inquestionável e entra em crise. Não são crises pedagógicas. Ou o são na medida em que toda pedagogia não é apenas uma receita metodológica, mas também uma visão de mundo. Quando há crises educacionais, o que há são crises do mundo, crises civilizatórias em que se revelam os conflitos, os desejos, os limites e as possibilidades de cada sociedade e de cada tempo histórico.

Agora estamos em um desses momentos. A Grécia antiga também foi assim. Ali, os debates filosóficos e políticos entre escolas de pensamento, filósofos e outras vozes ativas da vida pública constituíam não só uma disputa entre modelos teóricos, mas também uma rivalidade concreta sobre formas de educar e de ser educado. Por que Platão tinha de expulsar os poetas da República? Não apenas porque todas as artes, visuais e expressivas, foram enganosas em relação à verdade, mas sobretudo porque a poesia homérica, de tradição oral, tinha até então o monopólio educacional da Grécia daqueles tempos, e o que Platão estava propondo era uma mudança social e política que afetava a própria maneira de ser dos gregos. Por que, nesse mesmo período histórico, os mestres taoistas dirigem um amplo e burlesco ataque à educação confucionista, seus pressupostos e suas estruturas linguísticas e institucionais? Não só porque as filosofias dominantes sempre encontram seus adversários, mas também porque já naquele momento o confucionismo, como proposta educacional de toda uma civilização, estava consolidando-se como o verdadeiro esqueleto e alma do império em formação, nesse caso até nossos dias. Da mesma maneira, poderíamos falar da importância dos debates educacionais durante o primeiro Iluminismo, quando nasce o que no Ocidente conhecemos estritamente como pedagogia, e da relevância da educação como prática de transformação social durante todo o ciclo histórico das revoluções modernas e nas atuais sociedades pós-coloniais, em que o debate pedagógico e epistemológico está especialmente intenso.

Agora vivemos um desses momentos, embora talvez não tenhamos identificado o sentido, o propósito e as razões de fundo dessa tensão educacional, entre a ruína de alguns mundos, caducos e feridos, e a efervescência de promessas de salvação, inovação e transformação que com frequência se apresentam e se vendem como um paraíso ao alcance da mão. Por ora, o que parece claro é que quem levou mais a sério o fato de que a educação é um terreno em que estão em jogo as transformações do futuro são as principais forças que impulsionam o capitalismo atual: os bancos e as empresas de comunicação. Não apenas são os que mais investem em projetos educacionais, mas também os que impulsionam a renovação do discurso educacional e das metodologias pedagógicas.

Que a educação em um mundo globalizado é um grande negócio, isso é uma obviedade. Grandes grupos de população jovem se incorporam ao mercado educacional global em todos os continentes, ao mesmo tempo que a formação para a vida toda amplia a tipologia e as necessidades dos clientes da educação. Mas o interesse vai além da mercantilização. O que está em jogo é quem pode forjar as capacidades que decidirão o futuro de sociedades que não se reconhecem nas instituições vigentes. Quem é o Estado para educar nossos filhos quando vivemos vidas à *la carte*? Que hegemonias culturais são válidas para todos em sociedades não apenas diversas, mas cada vez mais segregadas e organizadas em guetos? Que autoridade tem o professor ou a professora sobre decisões que as famílias entendem, cada vez mais, como decisões privadas? Curiosamente, perguntas como essas se transformam em uma ofensiva compartilhada tanto pelas forças mais neoliberais quanto por aquelas neoconservadoras que, a partir de ideologias e valores distintos, convergem no ataque à educação pública, a seu ideário e a seus compromissos sociais. Enquanto isso, os movimentos sociais e as classes populares perdem protagonismo na luta por uma educação capaz de abrir perspectivas de justiça social e olhares críticos.

Apesar da complexidade da situação, os debates atuais tendem a se apresentar sob um esquema argumentativo muito simples: a sociedade está se transformando radicalmente e estão se anunciando mudanças em direção a um futuro que não sabemos como será.

Portanto, a educação tem de deixar para trás seus modelos tradicionais e orientar-se para uma atitude permanentemente inovadora, capaz de se adaptar a essas mudanças. Pode-se dizer isso de diferentes maneiras, conforme o contexto social e cultural, mas nestes momentos esse é o esquema que domina o debate educacional global. A narração, muito simples, vai da tradição de um passado conhecido à inovação que aponta para um futuro desconhecido. Seu argumento se baseia em uma constatação que dificilmente pode ser contrastada se não sabemos o que está por vir: nada do que conhecemos serve. É um argumento que esvazia de conteúdos e de conflitos as perguntas, porque se orienta na direção de um futuro em que a incerteza é a única certeza.

O principal problema que o debate pedagógico atual reconhece parece ser, pois, o de como nos adaptaremos àquilo que não sabemos como será e de como o faremos da maneira mais efetiva possível. A crise de mundo fica assim reduzida ao império do imprevisível; e os bons resultados educacionais à capacidade de gerar respostas efetivas para essa imprevisibilidade. A partir desse paradigma, o único conflito é a competitividade. Quem será mais capaz, sejam indivíduos ou sociedades, de gerar essas respostas eficientes para se adaptar às mudanças? Assim, o debate fica deliberadamente neutralizado como uma rivalidade entre metodologias. Podem ser mais ou menos efetivas, mais ou menos sedutoras, mais ou menos acertadas..., mas, no fim das contas, ganhadoras ou perdedoras dentro do mercado de futuros da educação.

Por tudo isso, é preciso sair desse marco predefinido e voltar às perguntas básicas. O que queremos saber? De quem e com quem podemos aprender o essencial para viver melhor? Que hábitos, valores e maneiras de viver queremos transmitir? A quem e para quê? Por que podemos chegar a saber tantas coisas e, ao contrário, não aprendemos o que mais precisamos aprender? A pergunta-chave, que nenhuma sociedade jamais deixou de repetir, é: como educar? Esse *como* não se resolve apenas com respostas de procedimento. É o *como* da ética, da política e da poética. Interroga e questiona os modos de fazer e as formas de vida. Perguntar *como educar* é perguntar a nós mesmos como queremos viver.

O problema dessa pergunta é que contém um ponto de vista implícito: o dos educadores. Educadores, legisladores, intelectuais, pais e mães, publicações de autoajuda... Atualmente, é preciso acrescentar os designers comportamentais que, como veremos, estão substituindo todas as figuras anteriores. Mas, de todo modo, é a pergunta de quem atribui a si mesmo o monopólio da ação sobre a vida dos demais. A partir desse ponto de vista, quem aprende se torna o objeto de sua reflexão e o produto de sua ação. O aprendiz é visto como o receptor da ação educativa. Ou como o cliente, mais ou menos beneficiado, de sua oferta cada vez mais diferenciada. Suas habilidades e sua competência são o resultado de sua ação. Neste livro queremos mudar o ponto de vista.

O aprendiz: um ponto de vista

O aprendiz é uma figura desprestigiada em nosso imaginário cultural. Está vinculada ao mundo dos ofícios e a suas hierarquias. Há anos, ou séculos, podíamos imaginar o aprendiz na oficina com uma vassoura na mão, executando as tarefas que seu amo lhe impôs em troca de algum aprendizado. Agora os aprendizes são bolsistas pouco ou nada remunerados que cumprem horas em troca de uma linha a mais no currículo. Numa reflexão educacional, o aprendiz também é uma figura desprestigiada porque está associada ao trabalho manual e à sua pouca nobreza social e espiritual. A oficina, o armazém, o campo, a cozinha... são âmbitos desassistidos pelas aspirações educacionais mais elevadas. Não por acaso a formação profissional é ainda considerada uma via secundária, à margem da pista principal, e um lugar em que a formação por si só é instrumental e a experiência já não forma de maneira integral.

Nossa cultura tem uma base contemplativa que deixa para trás ou num nível inferior todas as práticas que são consideradas do corpo, tanto produtivas quanto reprodutivas. Por isso, as mulheres e as classes trabalhadoras sempre são as últimas a chegar à educação e as primeiras a sair dela quando há crises. O objetivo último da educação é a atividade teórica ou as profissões que derivam dela e põem em prática as ciências mais elevadas. Isso é algo evidente no mundo antigo e medieval e em suas hierarquias sociais. Mas também se reproduziu nas sociedades modernas e contemporâneas. Por exemplo, continuamos distinguindo o aprendiz do estudante. Entendemos que o aprendiz está limitado à aquisição de habilidades e conhecimentos diretamente voltados para o exercício de um trabalho, enquanto o estudante é quem pode dedicar seu tempo e sua atenção a uma formação transversal e de base teórica. Inclusive um filósofo contemporâneo como Jacques Rancière, que dedicou textos importantes à relação entre educação e emancipação, defende a distinção entre a escola e o aprendizado. «A escola não é preparação, é separação.»[1] Separação, afirma Rancière, em relação à ordem produtiva na qual o aprendiz se socializa, baseada na desigualdade e na depravação das relações de poder. Ante o aprendiz, o escolar seria aquela figura que, subtraída às classificações da vida social, entra no espaço e no tempo da igualdade. Ele argumenta assim: «A escola só pode produzir igualdade na medida em que se mantém inadaptada às sensibilidades e aos modos de ser dos soldados da ordem produtiva».[2] Mas, como o próprio Rancière reconhece, a possibilidade de separar-se da ordem produtiva, ainda que por um tempo, corre o risco de acabar sendo o privilégio de alguns. A igualdade do escolar, de princípio universal, pode se transformar num fator de distinção se o aprendiz ficar excluído dela.

Neste livro queremos reivindicar o aprendiz não como figura sociológica, mas como ponto de vista sobre a reflexão pedagógica em seu conjunto. Adotar um ponto de vista é um exercício da imaginação. Implica sair da maneira como imediatamente olhamos e representamos a realidade educacional para nos situarmos em outra. É um deslocamento que tem consequências tanto para a experiência quanto para o pensamento que deriva dela. Na sociedade atual há muita fantasia, mas pouca imaginação. Fantasia de todo tipo: tecnológica, cultural, midiática, comunicativa. Também pedagógica. É fácil inventar mundos fictícios, mas é mais difícil nos imaginar no lugar do outro. Fazer isso implica reconhecer as relações possíveis que nos vinculam e ao mesmo tempo entender que o outro não

---

[1] Jacques Rancière, «École, production, égalité». In: Jacques Rancière, *L'école de la démocratie*. Paris: Edilig, Fondation Diderot, 1988. Disponível em: horlieu-editions.com/textes-en-ligne/politique/ranciere-ecole-production-egalite, PDF, p. 3.
[2] Ibid., p. 11.

1. Como queremos ser educados?

é você. A imaginação ativa a percepção dos contextos compartilhados e, ao mesmo tempo, a irredutibilidade de cada existência e de seu ponto de vista particular. O aprendiz não só é o estudante ou o aluno. Essa é uma posição formal dentro do sistema de ensino. Não se trata apenas de pôr no centro o estudante ou a criança, como pregam certas correntes pedagógicas, mas também de aprender a olhar e a pensar a partir de outro ponto de vista. O aprendiz é um ponto de vista que nos mostra que os aprendizados que fazemos dão forma aos mundos que compartilhamos. Sua experiência não está separada do mundo, mas plenamente atravessada por suas determinações sociais, políticas, econômicas e trabalhistas, e em tensão com elas.

A fim de que emerja esse ponto de vista, devemos inverter a pergunta que tem guiado a reflexão pedagógica. Em vez de nos perguntarmos *como educar*, é preciso que nos perguntemos *como queremos ser educados*. Poder nos perguntar como queremos ser educados implica abandonar a superioridade do planejador e do legislador, mas também sair da condição supostamente passiva, dirigida e até mesmo clientelista em relação à educação e aos nossos aprendizados. Sob esse ponto de vista, não basta ordenar e dirigir a prática educacional. É necessário estabelecer seus limites e suas condições. Até onde queremos ser educados? Por quem? A partir de que instituições e relações? A inversão da pergunta faz o verbo passar da voz ativa para a voz passiva: nos permite escutar que a educação não é uma ação sobre um objeto (o estudante, o aprendiz, a criatura...), mas uma relação que, acima de tudo, é receptiva. Que aprendizados podemos receber uns dos outros? Entendida assim, a receptividade não é passiva, mas uma atividade recíproca e entre iguais.

O sentido crítico dessa forma de perguntar foi analisado por Michel Foucault em sua conferência *O que é a crítica?*.[3] Não falava de educação, mas de governamentalidade, porém a análise coincide, se levamos em conta que a extensão da governamentalidade a todos os âmbitos da vida social é paralela à progressiva extensão da educação pública e obrigatória ao conjunto da população europeia. Quando o soberano político deixa de se ocupar apenas da guerra, da morte e dos impostos, o Estado moderno instala uma maquinaria legislativa, administrativa e institucional que regula quase todos os aspectos da vida individual e coletiva, incluindo a educação. O súdito já não se limita a pagar ou não pagar, a viver ou morrer. Sua nova condição, segundo Foucault, é a de poder perguntar-se como (não) ser governados, dessa maneira, por esse dirigente, até que ponto... Se até então a filosofia política se havia limitado a perguntar como governar, ou quais são as melhores formas de governo, a pergunta «como queremos ser governados?» faz surgir a perspectiva crítica do súdito em relação ao poder. Graças a essa pergunta crítica, aparecem os limites e as condições que os súditos podem opor ao poder que os submete, até deslegitimar sua própria existência.

«Como queremos ser educados?» implica poder nos perguntarmos também: e se não reconhecemos nossos educadores? E se não queremos saber determinados saberes? E se rechaçamos os efeitos da dominação que as formas de conhecimento dominantes impõem sobre nossa vida ou sobre outras, humanas e não humanas? Poderíamos inclusive chegar a perguntar: e se não queremos ser educados? Segundo Foucault, a pergunta crítica põe em ação

---

[3] Michel Foucault, «¿Qué es la crítica?», *Daimon Revista de Filosofía*, n. 11, 1995, pp. 5-25.

1. Como queremos ser educados?

o movimento pelo qual o sujeito atribui a si mesmo o direito de interrogar a verdade sobre seus efeitos de poder; e o poder sobre seus efeitos de verdade. A pergunta da crítica não emite juízos de valor abstratos. Em vez de pensar por modelos que prescindem da realidade, exige que pensemos a partir de situações vividas, seus limites e suas potencialidades. Em vez de projetar utopias, pede que ajamos no contratempo das imposições do próprio tempo.

Artes e modos de fazer

Do ponto de vista do aprendiz, tal como descrevemos, a educação não é só um modelo nem uma disputa entre modelos. Tampouco é um cálculo de oportunidades e de resultados. A educação é um ofício. Ou, mais exatamente, um conjunto de artes e de modos de fazer que colaboram com um mesmo propósito: dar forma e sentido à existência por meio dos aprendizados que compartilhamos. Como ofício, transmite-se, compartilha-se e transforma-se.

A existência não é nada transcendente. É o fato de estarmos aqui e agora, junto a outras pessoas e condicionados por certos vínculos. Portanto, a educação é um ofício que nunca parte do zero. Sua matéria-prima é o conflito, e a ferida sempre já está aí. As limitações também. «O problema é que temos muito pouco espaço para os demais», diz o personagem de Adrien Brody no filme *Detachment* [*O substituto*], no qual ele interpreta um professor solitário entre adolescentes que acumulam feridas e que o fazem sentir as suas. A existência é o fato de termos chegado ao mundo, a um mundo estreito e concreto (um tempo, um lugar, uma sociedade, uma cultura, uma família etc.), e de ninguém nos ter pedido permissão para nos trazer. A existência começa, portanto, com um gesto imperativo. Obrigam-nos a existir e a fazê-lo quando e como alguém decidiu por nós.

A educação pode ser entendida como o conjunto de técnicas que nos inscrevem neste mundo ao qual chegamos para que os indivíduos e os grupos funcionem de maneira adequada, de acordo com o que lhes cabe em função de seu papel de gênero, classe, estamento, raça etc. Falamos então de educação como instrução, adestramento, disciplina... Mas a educação também pode ser entendida como esse conjunto de práticas que fazem da necessidade uma condição para a liberdade. Ou seja, a educação como ofício de transformar o dado (o que existe, o que somos) em uma potência capaz de ir além da obviedade e da imediata subordinação. Falamos então de educação emancipadora, que é aquela cujo horizonte é possibilitar que cada um seja capaz de pensar por si mesmo, junto a outros, os problemas de seu próprio tempo.

Há muitas maneiras de definir a liberdade e a emancipação, algumas delas antagônicas entre si. Não são a mesma coisa a liberdade entendida como um atributo do indivíduo e a liberdade entendida como uma condição da dignidade coletiva. Tampouco dá no mesmo entender a emancipação como um estado de autossuficiência do sujeito e entender a emancipação como um processo sempre em disputa em relação às condições de dominação de cada tempo. Aqui partiremos de uma definição mínima e elementar: educação emancipadora é aquela que tem como condição que qualquer aprendizado implica aprender a pensar por si mesmo e com

1. Como queremos ser educados?

outros. É uma definição necessariamente problemática e insuficiente. Mas como ponto de partida podem nos servir as seguintes palavras do escritor americano David Foster Wallace em seu discurso «Isto é água»: «Na realidade, aprender a pensar significa exercer certo controle sobre o que você pensa e como pensa. Significa ser consciente o bastante e estar alerta o bastante para escolher a que prestar atenção e escolher de que maneira construir sentido a partir da experiência».[4]

O ofício de aprender e ensinar a pensar por si mesmo não é uma arte meramente intelectual. É uma arte ou modo de fazer no sentido que Michel de Certeau define em seu estudo *A invenção do cotidiano*. Na introdução dessa ampla pesquisa sociológica, De Certeau define as artes e os modos de fazer como aquelas práticas e operações comuns que delimitam um campo (por exemplo, a educação) a partir dos procedimentos de criatividade cotidiana daqueles que supostamente estariam condenados à passividade e à disciplina. Neste caso, os aprendizes. São formas de inteligência concreta, formas de luta, relações e narrações que tecem «a rede de uma antidisciplina»,[5] não porque se organizem simplesmente contra as lógicas do que existe, mas porque mobilizam táticas, trajetórias e desejos que não estão determinados nem podem ser captados a partir do sistema em que se desenvolvem.

Definir a educação como arte ou ofício da existência implica nos aproximarmos daquelas

---

[4] David Foster Wallace, *Esto es agua: algunas ideas expuestas en una ocasión especial, sobre cómo vivir con compasión*. Barcelona: Literatura Random House, 2014. [Ed. bras.: David Foster Wallace, «Isto é água». In: David Foster Wallace, *Ficando longe do fato de já estar meio que longe de tudo*. Trad. Daniel Galera e Daniel Pellizzari. São Paulo: Companhia das Letras, 2012, pp. 263-75.]

[5] Michel de Certeau, *L'invention du quotidien*, vol. I: *Arts de faire*. Paris: Gallimard, 1992, p. XL. [Ed. bras.: Michel de Certeau, *A invenção do cotidiano*, vol. I: *Artes de fazer*. Trad. Ephraim Ferreira Alves. Petrópolis: Vozes, 2014.]

concepções do saber e da cultura nas quais as artes e as ciências não se dissociaram. Longe da etnografia romântica que às vezes volta com força em nossos contextos culturais hipertecnológicos, entender a educação como uma forma de artesanato é reencontrar a raiz comum do pensar e do fazer, da contemplação e da experimentação, do discurso e da prática. Essa complementaridade não é uma unidade sólida, mas um entrelaçamento frágil e hesitante. Diante da ideia de «método», que se impõe e se separa ao longo da modernidade como um modo de pensar que dirige um modo de fazer, De Certeau fala da necessidade de uma «narração do tato».[6] Isso porque qualquer arte ou modo de fazer é, no fim das contas, um tateio, um equilíbrio frágil, um passo de equilibrista na corda bamba que, sem ser aleatório ou arbitrário, tampouco pretende dominar tudo. A arte do equilibrista consiste sobretudo numa determinada maneira de cair e, às vezes, de não cair. A arte da educação tem muito a ver com isso: trata-se de aprender a cair um pouco menos que caímos no início, ou de cair melhor.

Política e poética

A pergunta «como queremos ser educados?» trouxe à tona o ponto de vista do aprendiz e nos permitiu entender a educação como o campo de operações comuns em que diferentes artes e modos de fazer disputam entre si os sentidos e as possibilidades da existência. Essa disputa não é retórica, mas se consolida em afirmações como esta: «A primeira aula quem me deu foi uma cortina».[7] São palavras de Pasolini a seu

6 Ibid., p. 117.
7 Pier Paolo Pasolini, *Cartas luteranas*. Madri: Trotta, 1997, p. 37.

jovem interlocutor Gennariello, no tratado pedagógico em forma de cartas que ele escreveu em 1975. Uma cortina no apartamento burguês de Bolonha dos anos 1920 é uma aula de política e poética:

> O que aquela cortina me disse e me ensinou não admitia (nem admite) réplicas. Com ela não era possível nem admissível nenhum diálogo nem nenhum ato autoeducativo. Eis aqui por que acreditei que todo o mundo era o mundo que aquela cortina me mostrava: acreditei, portanto, que o mundo inteiro era bem-pensante, idealista, triste e cético, um pouco vulgar; em uma palavra: pequeno-burguês.[8]

Pasolini fala das «lições das coisas», como aqueles fenômenos materiais que, com sua sensorialidade própria, educam nosso corpo e nosso espírito até nos fazer ser, para sempre, a expressão de uma determinada condição social. Pode-se «aprender a esquecer o que não foi ensinado com palavras. Mas nunca poderei esquecer o que as coisas me ensinaram»,[9] acrescenta Pasolini. A educação é uma arte ou modo de fazer que começa, pois, muito antes de sua expressão discursiva e formal. É a expressão de uma poética e de uma política que determinam o que somos e o que podemos chegar a ser de maneira indelével. A lição das coisas é o mapa sensível da existência, sua cartografia estética, sua condição política.

A cultura ocidental está organizada a partir da classificação das categorias da ação. Desde Aristóteles, entende-se que há uma separação e uma hierarquia entre as diferentes atividades

---
[8] Ibid., p. 38.
[9] Ibid., p. 43.

humanas, que vão desde os processos biológicos e reprodutivos até a atividade teórica e contemplativa, passando pelo trabalho manual e produtivo, e pela ação política. Essa tradição de pensamento chega até nossos dias. Entre outros, Hannah Arendt é herdeira direta dessa abordagem, embora modifique alguns de seus parâmetros. Ela separa e contrapõe a tarefa educacional, vinculada ainda à infância e às suas necessidades, da ação política, entendida como a expressão da liberdade entre adultos. A educação consistiria, segundo ela, em fazer os recém-chegados ingressarem num mundo que já existe, e por isso tem de ser fundamentalmente conservadora. A política, em contrapartida, consistiria em introduzir novidade na configuração do mundo comum. Num famoso ensaio de 1958, «A crise da educação»,[10] Hannah Arendt critica a concepção política da educação. Ela afirma com veemência que o cruzamento entre educação e política é autoritário e próprio das revoluções tirânicas. Segundo Arendt, a ideia ilustrada de fazer da pedagogia o instrumento de um projeto político, e da política uma forma de educação, não respeita o princípio de que a política tem de ser uma prática entre iguais que já receberam educação.

No entanto, do ponto de vista do aprendiz, essa separação não é clara. Que o digam a cortina de Pasolini e tantos outros elementos nos quais a política se encontra mesclada à vida material, cultural e simbólica. Por isso é tão difícil situar com clareza a educação em alguma das categorias da ação. Dizíamos que uma educação emancipadora seria aquela que tem como condição que qualquer aprendizado implique aprender a pensar por si mesmo

---

10 Hannah Arendt, *Entre el pasado y el futuro*. Barcelona: Península, 1996, pp. 185-208. [Ed. bras.: Hannah Arendt, *Entre o passado e o futuro*. Trad. Mauro W. Barbosa. São Paulo: Perspectiva, 2003.]

junto a outros. Com frequência esse princípio ilustrado foi entendido de maneira teórica, intelectualizada e individualista. Mas assume outro sentido a partir da continuidade dos modos de fazer: aprender a pensar por si mesmo significa desenvolver uma capacidade de compreensão da própria existência em relação às coisas do mundo e àqueles que estão nele, que por ele passaram ou que a ele chegarão. Decisão (política), elaboração (poética) e contemplação (teórica) são assim diferentes dimensões, entrelaçadas e indissociáveis, de um mesmo fenômeno: a compreensão da relação de si mesmo com o mundo, de maneira concreta, localizada e sempre inacabada. Para o aprendiz, essa compreensão não é um luxo contemplativo. Está ligada à necessidade de viver e sobreviver.

Não sabemos viver

Tudo o que apresentamos até aqui tem uma sombra, uma escuridão de onde emergem todas as perguntas que guiam o desenvolvimento deste livro. O fato é que a educação é a prática mais antiga da humanidade, porque o que nos faz humanos é que não sabemos viver. Não sabemos nem sobreviver nem conviver: temos de aprender tudo, desde que nascemos até morrermos. Nesse caminho, a morte não encerra a trajetória do aprendizado, mas sim o interrompe. E, como humanidade, não há nenhum aprendizado que possamos dar por encerrado. Não há disciplinas nem matérias superadas ou validadas de uma vez por todas. Educar é aprender a viver juntos e aprender juntos a viver. Sempre e de cada vez. É estar, portanto, no inacabado que somos: abertos, expostos e frágeis.

Por isso, educar é uma prática da hospitalidade que tem como missão acolher a existência a partir da necessidade de imaginá-la. Recebê-la e ao mesmo tempo deixá-la ser no que tem de irredutível e desproporcional. Justamente por isso, a educação é também a base de poder mais insidioso, cotidiano e terrível que a humanidade inventou: educar é ter nas mãos a existência dos demais, aquilo que são e que poderiam ser. Um a um. No singular e no plural. Desde o primeiro dia de vida e, cada vez mais, ao longo de toda a vida. Educar é guiar o destino da comunidade e de cada um de seus membros.

Quem não tem consciência desse poder e dessa ambivalência intrínseca da educação não pode falar com propriedade do que ela implica: diretamente relacionada com a existência, ela pode matar ou salvar. Pode matar ainda mais que qualquer guerra, porque pode fazê-lo sob formas amáveis em qualquer instituição de ensino de cada bairro, povoado ou cidade. Mata olhares, desejos, curiosidades, silêncios, imaginações, formas de saber e de amar, e elimina possibilidades de vida. Quantos estudantes voltam de suas aulas mais mortos do que vivos? Quantas expressões e relações são censuradas pelos ditames e pelas autoridades educacionais? Mas a educação também pode salvar mais vidas que qualquer religião, porque o faz dia a dia, pessoa a pessoa, sempre a tempo de abrir rumos, deslocar olhares, enlaçar desejos, combater opressões e liberar caminhos não previstos. Quanta gente, conhecida ou anônima, pode agradecer a uma professora, a um livro, a uma instituição de ensino ou a qualquer comunidade de aprendizado por ter transformado radicalmente o curso e o sentido de sua vida?

É famosa a carta de Albert Camus a seu professor de infância, o senhor Germain, quando recebeu o prêmio Nobel em 1957: «Não que eu dê muita importância a uma homenagem como esta. Mas pelo menos me oferece a oportunidade de lhe dizer o que o senhor foi e continua sendo para mim, e de reiterar que seus esforços, seu trabalho e o coração generoso que o senhor pôs em tudo continuam sempre vivos em um de seus pequenos alunos, que, apesar dos anos, não deixou de ser um estudante agradecido».[11] A antologia mais bonita da humanidade poderia ser aquela em que reuníssemos todas as cartas que poderíamos escrever àqueles que nos ensinaram algo. Mas também seria preciso fazer justiça e mostrar os cadernos e as fossas comuns das «crianças caídas», das vítimas, dos excluídos e dos esquecidos de cada sistema educacional. Aqueles que, como bem explica Daniel Pennac em seu *Mágoas da escola*,[12] têm de crescer e com frequência sucumbem dentro de um sistema em que literalmente não entendem nada. Obrigando-os a saber, tornam a vida deles incompreensível.

A educação, portanto, não é a salvação. Pode submeter ou libertar por uma razão muito simples: a cultura é um sistema que liga e desliga ao mesmo tempo. Gera vínculos e dá as ferramentas para recriar esses mesmos vínculos. Para reproduzi-los e para desfazê-los e transformá-los. Fornece estrutura e mostra os limites de cada sistema. No fim das contas, obriga e torna livre ao mesmo tempo. Falar de pedagogia

---

11 Albert Camus, *Discours de Suède*. Paris: Gallimard, 1997.
12 Daniel Pennac, *Mal de escuela*. Barcelona: Mondadori, 2007. [Ed. bras.: Daniel Pennac, *Diário de escola*. Trad. Leny Werneck. Rio de Janeiro: Rocco, 2008.]

emancipadora é entrar nesse antagonismo e nessa contradição. Trabalhar suas tensões a partir de dentro e de maneira localizada. Não há um céu ou uma terra virgem para a prática educacional. Sempre se está em curso, fazendo e desfazendo os vínculos que estruturam as relações estabelecidas de cada sociedade e aquelas que se querem transformar. E o mais importante de tudo: sabendo que nunca aprendemos o que mais precisamos aprender.

«Mas para que serve saber quando já não sabemos como viver?»[13] Essa é a pergunta nebulosa que está por trás de todas as perguntas que podemos fazer a nós mesmos sobre o sentido da educação. Quem a dirige é a voz silenciada durante muitos anos de Charlotte Delbo, quando voltava de sua reclusão em Auschwitz. Sabemos muitas coisas, mas não aprendemos a viver. Para que serviu tanta educação moral, cultural, sentimental, política, ao longo dos séculos, por meio de mitos, ciências, regulações e religiões, quando hoje não só se perpetuam os campos, agora transformados em fronteiras assassinas, mas também cotidianamente matamos, violamos, destruímos, precarizamos, consumimos e excluímos de um futuro digno uma parte cada vez maior da humanidade? A desproporção entre o que sabemos e o que não sabemos não é quantitativa. Não se mede entre o volume de conhecimento disponível e o de tudo o que ainda está para ser descoberto. A desproporção é essa ferida. Essa distância às vezes invisível e sempre intransponível entre nós mesmos, como humanos, e nosso saber.

---

13 Charlotte Delbo, *Auschwitz et après: Mesures de nos jours*. Paris: Minuit, 1995. [Ed. bras.: Charlotte Delbo, *Auschwitz e depois*. Trad. Monica Stahel. São Paulo: Carambaia, 2021.]

Uma filosofia do aprendizado

Meu diploma universitário diz: «Licenciada em Filosofia e Ciências da Educação». Nunca entendi por quê, já que, exceto por uma disciplina de Introdução à Pedagogia no primeiro ano, nunca voltamos a estudar nada que tivesse a ver com qualquer ciência educacional. Ainda assim, é evidente que uma carreira de Filosofia é uma longa e inacabada reflexão sobre a educação ao longo da história e a partir de diferentes concepções do mundo.

É muito interessante rever os diplomas universitários ao longo do tempo, pois mostram como se concebem e se recompõem a cada momento os mapas formais do conhecimento legitimado pela academia. Embora não refletisse a realidade, o que meu diploma do ano de 1996 indicava é que naquele momento se considerava que a Filosofia e a Pedagogia tinham uma raiz comum, mas que a Pedagogia já havia passado a se chamar Ciências da Educação. Certamente, essa dissonância anunciava o divórcio posterior entre disciplinas, faculdades, metodologias e maneiras de trabalhar. Desde então, o campo da reflexão teórica e prática sobre a questão educacional não fez mais que se fragmentar e se diversificar de forma exponencial. Como em todos os campos, a tendência à especialização ocorre ao mesmo tempo que uma intervenção cada vez mais imbricada de ciências muito diversas: Psicologia, Sociologia, Comunicação, Neurologia, Teoria da Arte, Informática, Psicomotricidade, Política... Paradoxalmente, a tendência a integrar quase todas as ciências sociais e humanas na reflexão pedagógica esteve associada a um cientificismo crescente e perigosamente dogmático, que afastou a ciência da prática crítica e criativa, imprescindíveis para pensar a educação.

Nesse contexto, fica difícil situar sob qualquer categoria científica ou epistemológica clara a reflexão que este livro propõe. Inscreve-se na tradição da filosofia da educação, mas modifica seu ponto de vista e seus efeitos. Não se propõe refletir sobre a essência, os objetivos e os valores da atividade do educador, mas sim localiza o problema filosófico no corpo, na perspectiva e no olhar de quem aprende, tenha ou não uma relação formal com o sistema educacional. A reflexão deste livro não esgota, nem pretende fazê-lo, os problemas que apresenta. Sugere um momento de pausa e de reflexão crítica num âmbito em que a prática, a ação e a experimentação são inseparáveis do pensamento. Nesse sentido, a proposta deste livro está em continuidade com as práticas aprendidas ao longo de gerações pelas iniciativas de educação popular e pelas pedagogias feministas, que fizeram da reciprocidade e da aliança entre iguais a base de uma transformação política e cultural sempre em curso e sempre em luta com as formas de dominação de cada sociedade.

A tentação de construir modelos que resolvam tudo é consubstancial à nossa cultura e dominou especialmente o anseio dos pedagogos. Por outro lado, as atuais ciências do aprendizado, que pretendem dominar e resolver todas as variáveis associadas aos processos de aprendizado humanos e não humanos, reduziram o conceito a uma relação adaptativa sobre a qual podemos traçar nossos comportamentos de maneira cada vez mais precisa e bem-sucedida. A pedagogia acadêmica e os sistemas educacionais formais estão se deixando levar por uma promessa de transparência, certeza e segurança que, mais uma vez, só é possível como uma operação de domínio, baseada na ilusão da transparência e do controle. O ponto de partida deste livro desconfia dos ideais de transparência, tanto dos modelos totalizadores quanto dos cálculos infinitos de dados. Propõe uma filosofia do aprendizado capaz de relacionar-se com a sombra e com a inquietude que atravessam nossa existência, em razão das muitas variáveis e padrões que nossos comportamentos podem gerar. O que acontece ali onde não podemos ver tudo e como nos relacionamos com o que não sabemos, nem sequer a respeito de nós mesmos?

Os problemas concretos precisam de soluções concretas e, muitas vezes, rápidas: como abrir as aulas em condições pandêmicas, onde pôr uma biblioteca que seja acessível e desejável, como organizar os tempos entre as atividades escolares e extraescolares, como reduzir os índices de evasão escolar, como lutar contra a precariedade e os baixos salários dos professores... Encontrar boas respostas concretas depende sempre de haver chegado a ter um bom ponto de vista para analisar os problemas. Este livro quer contribuir justamente para articular uma perspectiva na qual se possam pensar as soluções a partir da confiança mútua e não da perseguição, da hostilidade e da acusação que se apoderam cada vez mais dos ambientes do aprendizado. Que alianças podemos ser capazes de criar entre aprendizes?

A educação é como uma conversa que sempre perde o fio, ou como uma trilha que parece levar a algum lugar até que se embosca. No percurso deste livro, a conversa parte do mais íntimo de nós mesmos, que é a vergonha de ser e de aparecer diante dos outros, e acaba projetando-se em tempos futuros que não sabemos imaginar, porque o presente se tornou opaco e cada vez mais ilegível para nós. Assim, este livro é um fio de voz que precisa de muitas outras vozes, uma trilha que se cruza e se perde entre muitos outros caminhos. Por isso, apresenta-se como deveria ser sempre a ação educativa: um convite a pensarmos um pouco além do que poderíamos chegar a pensar sozinhos. É um chamado, uma convocação para nos descobrirmos como aprendizes quando o que sabemos ameaça nos arruinar.

2. A vergonha de ser

Não basta nascer. Para existir é preciso poder chegar. Chegar e apresentar-se: diante dos outros e diante de si mesmo, mas também como grupo. Inclusive nossa existência como humanos depende de podermos nos apresentar diante de nós mesmos. O que nos torna apresentáveis? Como aparecer diante dos demais e entre eles? Como comparecer? E o que pode interromper, inibir ou bloquear uma chegada ao mundo? No âmbito educacional, o curso costuma começar com uma rodada de apresentações. Os menores desenham sua família, levam para a escola sua roupa ou seus brinquedos preferidos e explicam a história de sua primeira infância, seus gostos e lugares de referência. Os maiores apresentam seu currículo e seus projetos ou as razões que os levaram a empreender ou retomar os estudos. Sempre há perguntas como «quem é você?» e «o que você faz aqui?». Mas como é possível nos manter firmes nesse interrogatório? Como chegamos a poder dar a cara?

O nascimento é um ato imposto. Ninguém nasce porque quer, nem quando quer, nem dizendo quem quer ser. Essa é uma das razões pelas quais é tão difícil pensar a nós mesmos como seres nascidos. Paradoxalmente, é mais fácil imaginarmos como nos reapropriar da nossa morte que do nosso nascimento. Quem nasce? Chegar ao mundo é um ato não escolhido, não consciente, mas ao mesmo tempo compartilhado. Nascer está atrelado a parir e, antes, a engendrar. A novidade radical de cada indivíduo enlaça de forma única um conjunto de vínculos genéticos, afetivos, históricos, sociais etc., que o superam e ao mesmo tempo o determinam. Se o nascimento é um ato imposto, a existência nunca está garantida. Nem para sempre. Dar a vida não implica dar uma vida. Poder chegar a dar a cara, diante dos demais e de nós mesmos, sempre comporta o risco de não poder fazê-lo ou de que isso nos seja negado. Ruborizar-nos, tapar os olhos, esconder as mãos e querer desaparecer debaixo da terra, inclusive «desejar morrer»... A vergonha põe à prova nossa capacidade de apresentação e evidencia a capacidade de acolhida ou de aceitação do mundo que nos rodeia.

Os espaços da educação apresentam uma coleção inesgotável de cenas de vergonha: a vergonha de não saber o suficiente, a vergonha de ter um nome estranho, a vergonha de não falar bem ou de não dominar a língua ali falada, seja própria ou alheia. A vergonha de não se vestir como os outros, a vergonha de não ter pais normais, a vergonha de crescer muito depressa ou muito devagar. A vergonha de ser pobre, a vergonha de não pertencer a nenhum lugar, a vergonha de passar despercebido... A vergonha de não seguir os ritos de iniciação no jogo (futebol, videogames...), na comunicação (segredos, redes sociais...) ou nas relações (grupos de amigos, primeiros namoros, sexualidade...). A vergonha de pertencer a uma minoria ou de já haver internalizado a cota de fracasso escolar que faz parte do sistema. «Não quero acreditar nisso, mas eu não serei como elas, uma pedra dura no estômago, as lágrimas ardem. Já não é como antes. Isto, a humilhação. Na escola eu a aprendi, eu a senti.»[1] Essa é a voz de Annie Ernaux em *Os armários vazios*. A possibilidade da vergonha é a porta que abre caminho para a humilhação. A humilhação também tem suas artes e seus modos de fazer, por parte dos professores, dos colegas e do próprio sistema.

---

[1] Annie Ernaux, *Les armoires vides*. Paris: Gallimard, 1974, p. 59.

Não é preciso fazer referência a cenas vitorianas ou a tempos explicitamente autoritários. Ainda hoje, as escolas em todos os níveis são lugares onde a humilhação — que é a ação deliberada de envergonhar o outro pelo que ele é — sempre é possível. Justamente por isso, também são os espaços onde trabalhar para evitar essa possibilidade se torna um compromisso ético e político que está na base de qualquer convite ao aprendizado. Nesse sentido, a vergonha de ser é radicalmente íntima e ao mesmo tempo social e coletiva. Nietzsche nos deixou as seguintes palavras, que dispensam comentário:

> 273 - Quem você chama de mau? Aquele que sempre quer envergonhar.
> 274 - Qual é a coisa mais humana para você? Poupar alguém da vergonha.
> 275 - Qual é o emblema da liberdade alcançada? Não mais se envergonhar diante de si mesmo.[2]

Políticas do rosto

«O rosto é uma política.»[3] São palavras de Deleuze e Guattari no capítulo que dedicam ao rosto no livro *Mil platôs*. O referido capítulo é intitulado «Ano zero: rostidade». A data nos situa no começo de tudo (nascimento ou ano zero da existência) ou no momento-chave do calendário cristão: a aparição de Cristo e de seu rosto na história do Ocidente e do mundo.

---

2 Friedrich Nietzsche, *La gaya ciencia*. Barcelona: Akal Bolsillo, 1988, p. 202. [Ed. bras.: Friedrich Nietzsche, *A gaia ciência*. Trad. Paulo César de Souza. São Paulo: Companhia das Letras, 2012.]

3 Gilles Deleuze e Félix Guattari, *Mil mesetas*. Valência: Pre-Textos, 2002, p. 186. [Ed. bras.: Gilles Deleuze e Félix Guattari, *Mil platôs – capitalismo e esquizofrenia*, vol. 3. Trad. Aurélio Guerra Neto et al. Rio de Janeiro: Ed. 34, 1996.]

2. A vergonha de ser

Se o rosto nos situa no começo de tudo, isso não quer dizer que seja virgem ou anterior às determinações sociais. Por isso o rosto é uma política, uma relação entre superfícies e buracos, como a máscara teatral que ri ou chora. O rosto nos situa sempre num tempo e num espaço, em hierarquias e identidades possíveis. É corpo, mas não se reduz a uma manifestação da corporeidade. É uma caixa de ressonância de relações que vão além da conformação de cada corpo. Por isso também não é uma presença universal e unívoca. Há culturas sem rosto e rostos que não podem chegar a ser. «A gramática comum é inseparável de uma educação dos rostos.»[4] Até onde se estende essa gramática? Quem a estabelece e quem a monopoliza? Pode-se compartilhá-la e transformá-la? De que maneiras podemos chegar a nos fazer e nos desfazer de um rosto?

Há uma tradição filosófica para a qual poder comparecer significa poder chegar a estar cara a cara, como situação ideal da presença plena. Mas chegamos alguma vez a estar cara a cara? Para Emmanuel Lévinas, por exemplo, a presença do rosto é a de um absoluto ou infinito, por meio do qual o outro se manifesta como radicalmente outro e por isso é um princípio ético incontornável que se projeta para nós como uma demanda (de responsabilidade) e ao mesmo tempo como proibição (não matarás). O cara a cara, e a possibilidade de violentá-lo, seria então o grau zero, para não dizer o ano zero do rosto entendido como princípio e fundamento da ética. Mas Deleuze e Guattari nos obrigam a fazer uma pergunta que abala a evidência desse fundamento: e se não chegamos a ter rosto? E se nos é imposto ou negado? E se alguém o destrói? Ou se desejamos

---
4   Ibid., p. 184.

escapar do que temos? Como desenhar outro? Comparecer não é apenas poder manter-se firme cara a cara sem se violentar. É um assunto de gramáticas comuns, de política e, portanto, de educação.

Nascer é irromper, mas não ainda comparecer. São necessárias muitas mediações sociais, afetivas e culturais para poder fazê-lo e nunca se chega totalmente a isso. Também há outras maneiras de irromper no tecido das presenças que configuram uma determinada sociedade e que põem em questão a possibilidade de comparecer. Um caso emblemático do que pode ser a irrupção imprevista de um ser humano cujo rosto não se sabe ver é o de Kaspar Hauser, o jovem que apareceu de forma inesperada na praça de Nuremberg numa segunda-feira de Pentecostes do ano de 1828. Seu caso despertou furor naquele momento e não deixou de ser uma referência inquietante do cinema (W. Herzog), da literatura (P. Handke, G. Trakl, P. Verlaine etc.) e inclusive da música (Suzanne Vega...). Mais que um menino selvagem, como outros que se haviam conhecido naqueles tempos, Kaspar Hauser havia crescido em estado de reclusão, deliberadamente afastado, por parte de quem tinha sua tutela, dos outros seres humanos e de qualquer interação social. Sua presença era a de um corpo. Mas ele tinha rosto? Kaspar irrompeu. Mas podia comparecer?

O mesmo podemos perguntar atualmente sobre algumas das presenças que irrompem em nossas sociedades e que tratamos como corpos sem rosto: os migrantes. Seu ponto de partida não é a ausência absoluta de relações sociais, mas de relações sociais *conosco*, sejam quais forem os contornos políticos, raciais ou culturais que damos ao *nós*. De maneira mais violenta, pois, que a reclusão de Kaspar Hauser, negamos a eles qualquer relação com nosso mundo anterior, mas também presente e futuro. Marcando com violência um dentro e um fora, até mesmo quando vivem entre nós e têm cara, inclusive uma cara racialmente marcada, dificilmente chegam a poder tornar-se um rosto. Estão, mas não podem comparecer. Podemos prestar-lhes assistência, legalizá-los, explorá-los, integrá-los mais ou menos, até mesmo dar a eles um título acadêmico... mas como gerar uma gramática comum? E que papel a educação pode desempenhar?

Ser e parecer

Todas as descrições da vergonha, sejam literárias, psicológicas ou cotidianas, costumam centrar-se em seus efeitos sobre o rosto. Enrubescer-se, tapar a cara ou os olhos, fechá-los, ter vontade de desaparecer..., a vergonha é uma emoção que se expressa de maneira visível no rosto e que tem a ver com o fato de ser visto em uma situação que podemos considerar inadequada, seja sob os olhos de um terceiro, seja diante de si mesmo. O jogo de olhares da vergonha é muito complexo e pode até mesmo se dar unicamente no plano imaginário, mas, em todo caso, a vergonha é uma emoção de dor intensa que afeta o eu (o que eu sou) pelo modo como apareço diante dos outros (reais ou imaginários). Pode ser uma dor tão intensa que provoca o desejo de desintegrar a própria existência.

Como explica a filósofa Sara Ahmed no ensaio «Vergüenza ante los otros», «a vergonha é sentida como exposição — outra pessoa vê o que fiz, que é ruim e portanto vergonhoso —, mas também envolve uma vontade de se esconder, uma ocultação que requer que o sujeito dê as costas ao outro e se volte para si mesmo».[5] Se a vergonha ficasse nesse jogo de aparição e ocultação, não iria além do jogo de luzes e sombras com o qual nos apresentamos ou nos representamos diante dos outros. Mas, nessa volta para si mesmo que Sara Ahmed aponta, a vergonha afeta diretamente o eu mais íntimo: «É uma sensação intensa e dolorosa que está ligada à maneira como o eu se sente a respeito de si mesmo».[6] Portanto, encontramo-nos perante uma experiência na qual comparecer de uma determinada maneira diante dos demais (ou dos outros como eu ideal) fere o que eu sou ou poderia ser. A vergonha não permanece no que fiz ou no que aconteceu, mas fala dolorosamente do que sou. Minha vergonha pode ser lida nos olhos do outro, mas é sentida no mais íntimo e profundo do meu ser, que de algum modo se encontra negado.

O que acontece com esse eu interrompido pela vergonha? Pode-se explicar de muitas maneiras, mas todas coincidem em apontar algum tipo de cisão que separa o eu de si mesmo. O sociólogo alemão Georg Simmel dedicou em 1901 um artigo à psicologia da vergonha, a partir das análises que Darwin havia escrito sobre as emoções humanas. Darwin já apontava que a vergonha era fruto da atenção para o eu pelo olhar de um terceiro. Simmel desenvolve o fio desse argumento, mas faz um adendo interessante: a atenção do terceiro não só tem como consequência sentir-se exposto ou coisificado (como diria Sartre depois), mas também cria uma tensão na qual esse eu se encontra ao mesmo tempo acentuado e reduzido. Ou seja, intensificado como objeto

---

[5] Sara Ahmed, «Vergüenza ante los otros». In: Sara Ahmed, *La política cultural de las emociones*. México: Unam, 2015, p. 164.
[6] Ibid.

2. A vergonha de ser   49

da atenção, mas reduzido em sua percepção e estima de si próprio. É «uma ênfase intensa no sentimento do eu, que vai de mãos dadas com uma redução deste».[7] Essa tensão é o que explica que a dor da vergonha surja em situações tão diversas e aparentemente incomparáveis como ter um buraco na roupa, ter uma deformidade física, ser pobre ou haver cometido um delito moral grave.

Quando falamos da vergonha, então, estamos falando do que somos por meio das formas como prestamos atenção a nós mesmos. As formas se educam. São parte essencial de qualquer processo de aprendizado. Se há algo importante que podemos aprender pela educação, é a prestar atenção (ao mundo, às coisas, aos outros) e a merecer atenção (ou todo o contrário). Por isso, embora seja tão íntima, a vergonha é a emoção do vínculo. Por meio dela se manifestam, se transmitem e se transformam as relações de poder e de verdade que articulam, como uma teia de aranha invisível, nossos vínculos.

A emoção do vínculo

A vergonha vincula de forma dolorosa o que a filosofia ocidental sempre tentou separar: o ser e a aparência, a interioridade e a exterioridade, o indivíduo e a coletividade. São três dicotomias que não se referem exatamente à mesma coisa, mas que pressupõem uma mesma ideia da verdade. Nos três casos, a verdade não se confunde com o que aparece ou se mostra. Não se confundir implica que pode ficar a salvo. Quando dizemos coloquialmente «não é o que parece», «digam o que disserem, eu sou eu» etc.,

---

[7] Georg Simmel, «Sobre una psicología de la vergüenza», *Digithum*, n. 21, Universitat Oberta de Catalunya, 2018, p. 70.

estamos abrindo uma distância que faz as aparências não afetarem a verdade do que sou. Em contrapartida, com a vergonha essa distância cai. O que aparece diante dos outros põe em questão a própria verdade, o próprio ser. Por isso, como afirma a filósofa húngara Ágnes Heller, a vergonha é «o afeto social por excelência».[8]

A vergonha, própria ou alheia, é um afeto e um instrumento de socialização porque transmite uma normatividade em forma de conduta, expectativas, ideais... Por isso é uma arma educativa tão poderosa quanto perigosa. Vai além da lei ou da regulação, porque atua de maneira íntima e pública ao mesmo tempo. Essa normatividade pode assumir formas diversas, segundo o contexto cultural, histórico ou social. Não estamos falando de legalidade ou de cumprir determinados regulamentos. Estamos falando de códigos de honra, de vínculos amorosos ou do reconhecimento do sucesso, entre outros. Em todos os casos, e conforme o elemento cultural que predomine, o que é percebido na vergonha é um vínculo sob a ameaça de que pode ser rompido. Perder a honra, não ser amado, fracassar... são maneiras diversas de como o que nos permite ser, estando com os outros, pode ser retirado de nós. Nas palavras de Sara Ahmed: «A vergonha confirma e nega o amor que nos mantém unidos».[9] Dizíamos que negamos o rosto aos imigrantes que irrompem entre nós. Mas eles dão a cara a tapa todo dia não deixando que as dificuldades da vida negada, em muitas ocasiões dramaticamente fracassada, os envergonhem e envergonhem também suas comunidades de origem. Diante dos seus, que compartilham uma mesma gramática de expectativas,

---
8 Ágnes Heller, *Teoría de los sentimientos*. México: Coyoacán, 1999, p. 105.
9 Sara Ahmed, op. cit., p. 171.

2. A vergonha de ser

eles precisam ter o cuidado de não perder o rosto, ainda que seja por meio de falsos relatos de êxito e bem-estar. Da mesma forma, podemos nos perguntar: por que tantos jovens que hoje não querem aprender nada nas instituições de ensino se dedicam, em contrapartida, a realizar todo tipo de proeza, inclusive arriscando a própria vida, para exibir na internet? De quem estão buscando receber elogios? É evidente que seguem modas, mas o que estão fazendo é exagerar a necessidade do vínculo, extrapolando a vergonha e levando seu comparecimento diante dos outros ao limite do exagero.

O que a vergonha mostra em relação ao vínculo é que sempre é desigual. Se o vínculo nos pode ser retirado, é porque alguém (pessoa, grupo ou instituição) pode negá-lo a nós. Sempre há uma relação de poder que aparece por meio da vergonha. Se apenas se manifestasse o poder do outro para nos aceitar ou nos rejeitar, haveria violência ou ameaça, mas não vergonha. Mas, se há vergonha, é porque nos expõe à própria necessidade desse vínculo: nos faz sentir a vulnerabilidade que nos constitui sob a forma de subordinação ou necessidade do olhar acolhedor do outro. Portanto, o que a dor da vergonha mostra é a incompletude e a interdependência humanas. Que vergonha um ser plenamente autossuficiente poderia sentir?

Por isso, o uso da vergonha como instrumento de socialização é tão efetivo: atua sobre a necessidade do vínculo. Torna-se forte em relação a uma vulnerabilidade que desnuda e expõe a condição de desamparo dos humanos, sem dela se apropriar. Funciona, pois, como uma interioridade pública e como uma publicidade íntima na qual estão em jogo os vínculos tanto entre indivíduos quanto da comunidade consigo mesma. Essa relação entre o poder e a necessidade, entre quem pode negar o vínculo e quem depende dele, evidencia-se de maneira muito crua e emblemática no castigo. Uma das dimensões mais importantes e efetivas do castigo, seja em casa, seja no âmbito educacional ou em nível penal, é seu caráter vergonhoso. Presenciar a vergonha íntima do castigado transmite e reforça a norma.[10] Isso se dá como ameaça ao restante das pessoas, mas também porque o grupo se reconhece na vergonha infligida ao outro como fonte inclusive de um prazer compartilhado. Nos últimos tempos, parece que nos esquecemos da relação intrínseca entre educação e castigo, porque no sistema educacional atual o castigo é malvisto e não se fala dele abertamente. Mas o castigo jamais desapareceu. Formal ou informal, sempre existe a possibilidade de ser castigado ou ridicularizado, e de contribuir assim, com a própria humilhação, para o reforço normativo da comunidade.

O bote do leão

Mas justamente por isso a vergonha não é apenas um instrumento de socialização, pode ser também uma potência de contestação. Faz aparecer o limite a partir do qual não se aceita mais a humilhação própria ou do outro. Do ponto de vista de quem a sofre, a vergonha pode ser uma alavanca de resistência, um argumento de recomposição ou um impulso em direção a uma transformação radical. A emoção do vínculo não só manifesta uma necessidade de acolhida, mas também torna perceptível um limite além do qual a situação já não é aceitável ou precisa ser radicalmente transformada. É possível aprender

---

10 O livro *El ocultamiento de lo humano*, de Martha Nussbaum (Buenos Aires: Katz, 2006), reúne os debates sobre essa questão nas esferas jurídica e acadêmica dos Estados Unidos.

a perceber esse limite? E qual educação é necessária para não deixar de percebê-lo?

A vergonha pode ser um freio na arbitrariedade própria ou presenciada. É a vergonha como resistência íntima, poderíamos dizer retomando a expressão de J. M. Esquirol. «Minha liberdade arbitrária lê sua vergonha nos olhos que me encaram»,[11] escreve Lévinas. Já a encontramos na tragédia *Filoctetes*, de Sófocles, quando Neoptólemo não suporta continuar enganando Filoctetes, o deformado e abandonado arqueiro, segundo as indicações do sempre astuto Ulisses. O que o faz não poder? Ele mesmo nos olhos de outro. Encontramos a cena da humilhação, mas invertida. A vergonha é agora o freio diante da instrumentalização ou degradação absoluta do outro. É a percepção de um *até aqui*, de um limite que ainda guarda uma reserva de esperança, um desejo de agir com honestidade.

Com base nesse aprendizado do limite, a vergonha pode se transformar, também, num argumento de recomposição. Há situações coletivas nas quais o reconhecimento da vergonha cometida ou sofrida permite à comunidade reencontrar-se e recompor-se a partir de uma nova relação. Isso ocorre em comunidades que foram fortemente atacadas ou naquelas que se sabem ou se reconhecem autoras de atrocidades. Como fazer da vergonha e de seu reconhecimento uma força de reconciliação, mas não de resignação? Como aprender a ser na — e por meio e além da — vergonha que marca o destino de uma coletividade?

Atravessar a vergonha histórica, não como uma culpa, mas como um aprendizado coletivo, pode ser um impulso em direção a

---

[11] Emmanuel Lévinas, *Totalité et infini*. Paris: Le Livre de Poche, 1990, p. 282.

uma mudança radical, um exercício de educação comunitária em direção à emancipação. Diz Marx: «Só com a vergonha não se faz nenhuma revolução. Ao que respondo: a vergonha já é uma revolução».[12] E o explica assim: «A vergonha é uma espécie de cólera retraída sobre si mesma. E, se realmente uma nação inteira se envergonhasse, seria como um leão que se dispõe a dar o bote».[13] Para que isso ocorra, diz Marx, é preciso deixar a vergonha mais vergonhosa, tornando-a pública. Não se trata de fortalecer a comunidade presenciando a vergonha do ridicularizado, do excluído, do castigado. Ao contrário, trata-se de ensinar a população a espantar-se consigo mesma, para assim lhe dar coragem. A revolução, assim entendida, é também uma educação ou, como especificará Marx, uma autoeducação. Ensina justamente a perceber os limites da dominação e a responder para libertar-se dela.

A vergonha de sermos humanos

Começamos nos perguntando como comparecer. Como chegar a ser com e entre os outros. Não basta nascer, dizíamos. A existência nunca está garantida, porque depende de vínculos que em parte nos são impostos, mas que também nos podem ser negados e atacados. A vergonha é a emoção dolorosa que torna visíveis esses vínculos e também seus limites. Tem a ver com a visibilidade e com a vulnerabilidade. Mas também é uma visão. Uma revelação que nos ensina algo acerca de nós mesmos, sob o risco

---

12 Karl Marx, «Carta a Ruge, março de 1843». In: Karl Marx, *Escritos de juventud*. México: Fondo de Cultura Económica, 1982, p. 441. [Ed. bras.: Karl Marx, «Cartas dos anais franco-alemães». In: Karl Marx, *Sobre a questão judaica*. Trad. Nélio Schneider. São Paulo: Boitempo, 2010, pp. 61-74.]
13 Ibid.

de nos desintegrarmos, de não conseguirmos aguentá-la porque nos torna insuportáveis a nós mesmos. O gesto de tapar o rosto, portanto, é inseparável de outro gesto: abrir os olhos.

«E foram abertos os olhos de ambos e souberam que estavam nus. Então coseram folhas de figueira e fizeram para si aventais.»[14] No livro do Gênesis, esse momento é muito claro: pegar o fruto da árvore do conhecimento do bem e do mal tem como consequência imediata a descoberta da própria nudez. Não se trata apenas da moral sexual. A vergonha aparece com o saber, e o saber é o que nos descobre desamparados e necessitados, expostos e precários. A sexualidade é uma manifestação dessa condição incompleta e finita. Abrir os olhos é saber que nossa fragilidade é a base inelutável de nossa bondade e de nossa maldade. Podemos fazer o bem e o mal, podemos nos fazer bem ou nos fazer mal. Abrir os olhos é descobrir, ao mesmo tempo, a fragilidade e o crime.

No outro extremo de nossa tradição literária, há um testemunho que nos situa, com sua voz, numa das cenas de crime mais assustadoras que a humanidade já produziu. É icônica, mas não se trata de uma exceção. Fala de nós. São os campos de extermínio nazistas, e a voz é a de Primo Levi. Em *Os afogados e os sobreviventes*, ele escreve:

> A nós a tela da ignorância [...] foi negada: não pudemos deixar de ver. O mar de dor, passado e presente, circundava-nos, e seu nível foi subindo de ano em ano até nos afogar. Era inútil fechar os olhos e virar as costas, porque se estendia ao nosso

---

14 Gênesis 3,7, *La Biblia laica*. Barcelona: Muchnik, 1998.

redor, em todas as direções e até o horizonte. Não nos foi possível, nem quisemos, ser ilhas.[15]

Nesse texto, que retoma anos mais tarde o testemunho de *É isto um homem?*, ele repassa as diferentes faces da vergonha que estigmatizam quem passou pelos campos e sobreviveu. É a vergonha do prisioneiro, por tudo o que ele teve de passar e que o rebaixou até a degradação mais extrema; é a vergonha do sobrevivente, por continuar vivo em lugar de outra pessoa, talvez melhor que ele mesmo. Mas é também o que Levi denomina a «vergonha do mundo», que é a dor pela falta cometida pelo gênero humano, a partir do sentimento de ser testemunha dela e sentir-se envolvido. No trecho citado, o autor relaciona a visão e o vínculo. Nesse caso, é a visão imposta a que cai com crueldade sobre a vítima, até afogá-la: «Não pudemos deixar de ver». Não registrar isso não era uma opção, como é cotidianamente para todos nós em relação às atrocidades que nos cercam, como era também para quem vivia na Alemanha e na Europa naquele mesmo período, e ia e voltava do trabalho vendo os trens e a fumaça dos punidos e exterminados. Mas, quando Levi se refere ao vínculo, detém-se numa dupla expressão: não ser ilhas, diz, «não nos foi possível, nem quisemos». Nesse momento, a imposição se transforma em vontade. A vergonha do mundo, em compromisso com o mundo.

Abrir os olhos e saber pode tornar impossível viver, como acabou sendo o caso do próprio Primo Levi, mas é a condição para que o mundo seja um mundo coletivo e não uma soma de ilhas ignorando-se e

---

15 Primo Levi, *Los hundidos y los salvados*. Barcelona: Muchnik, 1989, p. 36. [Ed. bras.: Primo Levi, *Os afogados e os sobreviventes*. Trad. Luiz Sérgio Henriques. São Paulo: Paz e Terra, 2016.]

2. A vergonha de ser

devorando-se entre si. Diante da massa de dor indelével que é este mundo, não podemos permanecer no escândalo moral nem ancorados na culpa. A vergonha atravessa o horror porque nos obriga a tornar nosso o vínculo e a pensá-lo, a pensar a nós mesmos a partir de sua dor. Por isso, um Deleuze leitor de Primo Levi reconhecerá no fim de sua trajetória, pouco antes de também se suicidar, que a vergonha de sermos humanos é um dos grandes motivos da arte e do pensamento, não como produções ou como disciplinas culturais, mas como práticas com as quais nós humanos podemos libertar a vida do lugar onde nós mesmos a encarceramos e a maltratamos.

A vergonha de sermos humanos é uma herança da modernidade e da tensão entre a potência desencadeada pelo desenvolvimento tecnológico e a impotência ante a história e nós mesmos. Se abrir os olhos é descobrir, ao mesmo tempo, a fragilidade e o crime, nas sociedades modernas se soma a isso a relação desse humano frágil e criminoso com os objetos, as engenhocas e os instrumentos que criou. As coisas não só nos educam, como escrevia Pasolini a seu pupilo imaginário Gennariello. Também podem nos gerar complexos e nos envergonhar. Diante de sua força, perfeição e capacidade de execução, nós nos enxergamos imperfeitos, frágeis, feios, velhos..., precisamos dormir, temos necessidades físicas, a mente cansa, ficamos doentes... As máquinas que nós mesmos criamos têm a força e, cada vez mais, a inteligência que queríamos para nós. Máquinas de matar e máquinas de pensar. Se pudessem, elas nos desprezariam. É o que Günther Anders sustenta no livro *A obsolescência do homem*.[16] Ele a denomina

[16] Günther Anders, *La obsolescencia del hombre*. Valência: Pre-Textos, 2011.

«vergonha prometeica» e a define como a vergonha pela humilhante qualidade das coisas feitas pelo ser humano.

Apaixonados pelas máquinas que criamos e que não somos, complexados por sua força e sua inteligência, o que podemos aprender? Historicamente, a contemplação do cosmos tinha feito os humanos se sentirem pequenos e desamparados. Dessa desproporção haviam nascido os deuses, que, de sua eternidade e onipotência, brincavam com nosso destino. Mas também dessa consciência da desproporção havia emergido a capacidade de admirar-se, de contemplar, de inventar e de aprender. A educação é a arte de transmitir e de transformar os saberes adquiridos, a fim de que o mundo não nos devore nem nos afogue.

Agora temos máquinas que fazem coisas que não cabem em nenhuma de nossas mentes parciais e finitas, que aprendem por conta própria e que pouco a pouco vão se tornando mestres implacáveis de eficiência e de resolução. A vergonha de sermos humanos, e mais especificamente a vergonha prometeica, pode fazer que nos submetamos a seu serviço e nos curvemos a seu comando. Há uma humilhação que vai além da que podemos infligir uns aos outros: a que chega de maneira indireta por meio de nossas próprias criações. Não nos olham, somos nós que nos olhamos por meio delas e nos envergonhamos do quanto somos insuficientes. Nietzsche dizia que o emblema da liberdade conquistada é não mais se envergonhar de si mesmo. Abrir os olhos é aprender a olhar o mundo e, ao mesmo tempo, aprender a comparecer diante dos outros e diante de nós mesmos. Abrir os olhos, pois, é poder sustentar o olhar uns dos outros sem se envergonhar, ou fazendo da vergonha o aprendizado de um limite que nos conduza para além dele.

3. Acolher a existência

Somos seres de acolhida.[1] Se nascer não basta para ser, nem crescer basta para existir, é porque precisamos ser acolhidos num mundo. Vimos que os caminhos para ser mais bem ou mal acolhidos não são seguros. Podem ser trilhados à força e podem fracassar até chegar a nos ferir ou a nos desintegrar. Poder comparecer não é nunca um ato garantido. Portanto, existir também não é. Entre cada um de nós e o mundo há uma série de mediações afetivas, culturais, sociais, políticas e materiais pelas quais está em jogo o que cada um pode chegar a ser. A educação é um conjunto de práticas que definem juntas qual arte de acolher a existência cada sociedade está disposta a dar a si mesma.

A hospitalidade pode ser autoritária ou recíproca. Pode ser a hospitalidade do empregador que abre a porta de sua casa, de sua escola ou de seu país, impondo as condições dele, ou pode ser o tratamento que dispensamos uns aos outros quando redefinimos nossa convivência contando com a existência de outros. Embora nos dois casos estejamos falando de hospitalidade, são duas experiências bem distintas: uma reafirma o lugar do amor, a outra abre espaços de convivência recíprocos. «Dar lugar àquele que chega não é tão fácil»,[2] escreve o pedagogo francês Philippe Meirieu. Do ponto de vista do aprendiz, o que significa acolher e ser acolhido? Quem pode chegar aonde? Quem pode acolher e por quê? Se dar um lugar a quem chega não é tão fácil, é porque nunca

---
[1] Expressão de Lluís Duch em *La educación y la crisis de la modernidad*. Barcelona: Paidós, 1997, p. 15.
[2] Philippe Meirieu, *Frankenstein educador*. Barcelona: Laertes, 1998, p. 80.

há um encaixe perfeito. Existir é sempre um desajuste. No entanto, qualquer sistema precisa se alimentar da ficção do encaixe, da inscrição regulamentada e totalizadora. A lista de alunos. O número de matriculados. O Estado é o registro civil. O censo, a democracia. E a humanidade, uma nuvem de dados que são processados a cada microssegundo. O sistema educacional, em particular, baseia-se na inscrição como condição para aprender. Quem não se encaixa é expulso ou rejeitado. Não funciona, não tem os requisitos ou as capacidades.

Vivemos num mundo de sistemas altamente complexos e ao mesmo tempo permanentemente supersaturados. Capturam talentos, tempo e atenção na mesma medida em que expulsam vidas e destroem expectativas. Cada indivíduo é visto e avaliado como um potencial, ao mesmo tempo que é tratado como um possível resíduo a ser reciclado tantas vezes quanto for possível, antes de ser descartado definitivamente. Como explica a socióloga Saskia Sassen, vivemos em sistemas sofisticados e complexos que produzem formas de brutalidade elementar.[3] Essa brutalidade não só é exercida sobre corpo e vidas explorados. Vai além: produz humanos residuais em quantidades industriais. Ter potencial ou se transformar em resíduo: parece que hoje essas são as duas possibilidades de ser.

---

[3] Ideia central do seguinte estudo: Saskia Sassen, *Expulsiones: brutalidad y complejidad en la economía global*. Buenos Aires: Katz, 2015. [Ed. bras.: Saskia Sassen, *Expulsões: brutalidade e complexidade na economia global*. Trad. Angélica Freitas. São Paulo: Paz e Terra, 2016.]

Poder ser

Ser é poder ser. Por isso somos um indivíduo, mas não só. E estamos no mundo, mas nunca totalmente. Somos o que há e o que poderia haver. O que chega a ser e o que não chega. As vidas vividas e as não vividas. As desejadas e as frustradas. As compartilhadas e as perdidas. O desajuste da existência é o espaço dos possíveis. Filosoficamente, o ser como possibilidade foi pensado de muitas maneiras. O conceito de potência está na base de toda a filosofia ocidental, e o que varia são as formas de pensar seus limites e suas condições para passar ao ato. Desde a metafísica até a ética e a política, por trás de toda pergunta mais específica sempre há uma questão de fundo: como nos relacionamos com as possibilidades que somos?

A educação intervém de maneira muito especial em nossos modos possíveis de ser. De fato, poderíamos dizer que a matéria-prima da educação é justamente o poder ser. Educar é intervir deliberadamente nas possibilidades de vida daqueles a quem ensinamos algo. E aprender, seja uma ciência, um hábito ou uma técnica, é para o aprendiz estabelecer algum tipo de relação nova com o entorno que poderia ser ou não ser, dar-se ou não se dar. Todo aprendizado poderia não ter ocorrido e modifica o mapa dos possíveis que se abrem ou se fecham a partir daí.

Quem pode chegar a ser o quê? O sistema educacional, apesar de seu compromisso com a equidade, hierarquiza as existências e distribui os futuros em função dessa pergunta. A educação é entendida, então, como um entregador de opções de vida, que se ampliam ou se restringem em função da mobilidade social

3. Acolher a existência

de cada momento e de cada contexto social, segundo um sistema codificado de expectativas. Essa redução das possibilidades de ser a um jogo oportunista tomou forma, nas sociedades modernas ocidentais, a partir de duas grandes ficções: a ficção jurídica da igualdade de oportunidades e a ficção extrativista da ideia de potencial. A primeira é uma ficção liberal e faz do indivíduo um sujeito formal de direitos dentro de um mercado de opções de vida supostamente neutro. O sistema estatal precisa se ocupar de neutralizar essas condições para que o indivíduo faça suas escolhas livremente. A segunda ficção é neoliberal e concebe cada indivíduo como um recurso único e diferenciado, que é medido segundo seu potencial oculto. Um bom sistema educacional seria aquele que lhe oferece ferramentas para desenvolver e extrair o máximo rendimento possível desse potencial. Nos dois casos, o indivíduo é a peça central do tabuleiro dos possíveis. Passamos do individualismo da oportunidade ao individualismo da capacidade.[4]

Num sistema que se baseia mais na exploração intensiva de recursos do que no tempo de trabalho, a nova identidade do indivíduo é seu potencial. Essa palavra, se analisarmos bem, está atualmente no centro dos discursos pedagógicos e empresariais mais escutados. É inclusive a palavra-chave da linguagem oficial. No informe *Repensando a educação*, da Unesco, diz-se, a propósito da abordagem humanística da educação, que «requer uma abordagem aberta e flexível à aprendizagem, tanto ao longo da vida quanto em todos os seus aspectos: uma abordagem que ofereça a todos a oportunidade de

---

4   Alain Ehrenberg, *La mécanique des passions*. Paris: Odile Jacob, p. 114.

concretizar seu potencial para construir um futuro sustentável e uma vida digna».[5]

Com base nesse tipo de definição, acolher a existência consiste em detectar, gerir e promover o potencial de cada pessoa a fim de que ela possa chegar a geri-lo por conta própria e a extrair o máximo rendimento. Se as oportunidades do regime liberal estavam fora do indivíduo, o potencial é agora um poder ser que se internalizou. É irredutivelmente pessoal e único, mas ao mesmo tempo classificável, quantificável e avaliável em função de um sistema de categorias que organizam o catálogo das capacidades reconhecíveis e mensuráveis: as competências. O potencial oculto, portanto, nos é «revelado por meio de um sistema de expectativas coletivas centrado na valorização das diferenças individuais».[6] O potencial é a equação entre a singularidade de cada existência e a incerteza que define suas relações possíveis com o entorno. Uma boa educação seria aquela que melhora as capacidades de cada um para adotar uma linha de comportamento pessoal bem-sucedida num contexto complexo e incerto. Retomaremos esse ponto mais adiante neste livro. No entanto, por ora o que é preciso se perguntar acerca desse tipo de abordagem é: e o que acontece quando o potencial não é alto o suficiente, adequado o suficiente ou desenvolvido o suficiente?

Exercitar o próprio potencial ao longo de toda a vida pode ter efeitos ou não, isto é, pode dar resultados verificáveis e aproveitáveis, ou não. O sistema educacional e suas diversas ramificações trabalhistas, econômicas e sociais exigem que, seja qual for o potencial de cada um, mantenha em

---

[5] *Repensar a educação: rumo a um bem comum mundial?* Disponível em: https://unesdoc.unesco.org/ark:/48223/pf0000244670, p. 9.
[6] Alain Ehrenberg, op. cit., p. 39.

todos os casos o mesmo comportamento: aumentar. Que progrida adequadamente. Como um índice econômico, o comportamento pessoal também deve mostrar sinais contínuos de crescimento, de ampliação e de melhora. É o novo ideal humano (ou pós-humano ou transumano): a ampliação permanente das capacidades físicas e mentais (*human enhancement*). Há muitas razões para ficar fora desse ideal: desde não ter nenhum potencial identificável até não ter nem encontrar as condições para desenvolvê-lo. A outra face do potencial é o resíduo. Já não poder ser nem utilizado nem reutilizado, nem sequer por si mesmo. O sistema que transforma todo poder ser em um potencial é o mesmo sistema que produz quantidades cada vez maiores de vidas residuais.

Existências residuais

Há cada vez mais gente jovem que se sente fora do jogo. Enquanto viam seus pais, mães, avós, profissões e formas de vida sendo declarados obsoletos, esses jovens tomaram consciência de que também já não lhes restam vidas no videogame da cidade. São existências residuais, cidadãos de tempos em tempos e só formalmente, quando lhes pedem documentos ou os convocam para votar. Assediados pelos vícios e pelos transtornos mentais, inutilizados por uma educação que não lhes diz nada nem os interpela, conscientes de que ninguém os espera nem sequer para explorá-los, vivem à deriva enquanto vão se destruindo. Nos países mais pobres, a residualidade não é uma possibilidade entre outras, mas o ponto de partida para milhões de jovens. Residualidade é então sobreviver dia a dia entre as montanhas de resíduo do mundo rico. Ser resíduo entre os resíduos do crescimento. O capitalismo global não precisa aproveitar tudo. Tampouco precisa de exércitos ou de massas de trabalhadores de reserva. Da mesma maneira que engrossa seus lucros com produção «não retornável», também faz das vidas humanas dejetos não retornáveis.

A pergunta de qualquer vida, seja lá de onde parta, é então a seguinte: como se posicionar? Posicionam-se as marcas num mercado, as peças de jogo num tabuleiro e, atualmente, os indivíduos em relação ao jogo de opções às quais podem aspirar segundo seus talentos e potencialidades. Quantas vezes um indivíduo pode se reposicionar ou se reciclar antes de ser declarado supérfluo? Na sociedade do despejo permanente, vivemos também sob a ameaça permanente do despejo cognitivo. A formação no decorrer da vida, longe de ser entendida como um caminho de enriquecimento e de transformação pessoal e coletiva, aproxima-se perigosamente da experiência de caminhar por um campo minado. Passo a passo, até onde podemos avançar sem que exploda a bomba que nos deixará fora de jogo? Atualmente, os caminhos não são lineares. Como em um campo minado, é preciso avançar às cegas, avançando e recuando, sem nunca ter a certeza de estar seguro. Quantos jovens nos últimos anos estudaram carreiras promissoras que posteriormente se transformaram em fossas industriais de desempregados? Quantas profissões que num dado momento são valorizadas desaparecem no dia seguinte, sem deixar outro rastro além de um monte de vidas abandonadas à sua irrelevância social? A arbitrariedade dos mercados de educação e de trabalho se soma às condições frágeis e precárias sob as quais se experimentam suas mudanças de rumo: rupturas afetivas, transtornos

3. Acolher a existência

mentais, falta de sentido e de vínculos duradouros, mudanças de domicílio, de ambiente e migrações forçadas...

Zygmunt Bauman dedicou um de seus últimos livros às *Vidas desperdiçadas*. Nele o autor levanta a seguinte questão: se não há nada que por si mesmo tenha a condição de resíduo, o que nos transforma em um? O resíduo é «um problema dos mais angustiantes, um dos segredos mais bem guardados de nosso tempo».[7] Numa sociedade de consumo rápido, as coisas se transformam em resíduos ou porque foram projetadas para durar pouco e não poder ser reutilizadas, ou porque já aparece a coisa seguinte que captura nosso desejo de consumo e de posse. Como funciona esse mecanismo de seleção e descarte no caso das vidas humanas? Quais são os projetos políticos e sociais que fazem também das existências humanas um resíduo crescente? «Os varredores de rua são os heróis esquecidos da modernidade»,[8] escreve Bauman, porque atualizam dia a dia a fronteira entre o dentro e o fora. Não é uma fronteira preexistente. Cria-se no próprio ato de definir quem pode entrar e quem não pode, quem continua jogando e quem está fora de jogo. A fronteira se move conosco, pode pisar nossa sombra ou até mesmo avançar tanto que acaba se tornando o único horizonte que podemos ver. Tão hiperativa quanto o próprio sistema que ela delimita, «seu único modo de existência é a incessante atividade da separação».[9]

A inequívoca dualidade que contrapõe senhores a vassalos, burgueses a proletários, oprimidos a opressores, incluídos a excluídos, transformou-se

---

7 Zygmunt Bauman, *Vidas desperdiciadas: la modernidad y sus parias*. Barcelona: Paidós, 2005, p. 42. [Ed. bras.: Zygmunt Bauman, *Vidas desperdiçadas*. Trad. Carlos Alberto Medeiros. Rio de Janeiro: Jorge Zahar, 2022.]
8 Ibid., p. 43.
9 Ibid.

hoje numa gradação dinâmica segundo a qual cada indivíduo é mais ou menos passível de ser expulso da zona em que potencialmente se move em função de sua capacidade de se manter posicionado e posicionável. Isso significa que o «dentro» é temporariamente mais seguro, mas não estável. Vivemos num regime baseado na expulsão como possibilidade generalizada e desigualmente executada. Isso faz com que já não possamos falar apenas de desigualdade, nem sequer de desigualdade crescente. Segundo Saskia Sassen, a lógica da expulsão vai além da desigualdade porque rompe justamente qualquer sentido da medida habitável e pensável. Hoje está, amanhã não. Hoje você pode pagar o aluguel, amanhã não. Hoje você tem uma rede afetiva e social. Amanhã ela já se desfez. Os canais para a expulsão são múltiplos e muito sofisticados: desde os altos e baixos da especulação e da economia financeira, até os labirintos jurídicos das diferentes administrações, as políticas de austeridade que empobrecem os recursos comuns etc., mas todos levam a um não lugar que é o que corresponde, no mundo material, ao lixão.

Um mundo-lixão é aquele em que as estruturas de acolhida desmoronaram. «Se tivéssemos de resumir em uma frase o que é determinante para a crise global do momento presente, poderíamos dizer que é que nos encontramos totalmente mergulhados numa situação de irrelevância crescente das estruturas de acolhida.»[10] São palavras de Lluís Duch em seu livro sobre a educação e a modernidade. As estruturas de acolhida não apenas são instituições (a família, a escola, os serviços assistenciais etc.). São também as linguagens comuns, as práticas de transmissão, os tempos e os espaços

---
10 Lluís Duch, op. cit., p. 26.

3. Acolher a existência

compartilhados, os calendários, os rituais novos e antigos. É o que Duch denomina «a arqueologia profunda do ser humano».[11] A crise das estruturas de acolhida é interna e externa. Quando vivemos uma «cultura do desengajamento, da descontinuidade e do esquecimento»,[12] a residualidade não é uma condição objetiva, mas sim uma demolição subjetiva. Entre o potencial que deve ser encontrado e ampliado, e a residualidade que deve ser evitada a cada passo, não há tempo nem espaço para compartilhar a inquietude da existência. A desproporção e a estranheza são contabilizadas como incerteza, e a inquietude se traduz em medo.

Mapas de acolhida

Quem pode chegar e quem pode acolher num regime de expulsão permanente? Como educar na arte da hospitalidade quando os contextos compartilhados se esfumaçam? Quando o tempo e o espaço da circulação se impõem sobre os contextos para a convivência, como acolher a existência? E que papel a escola pode ter nisso? Quem sempre teve um lugar próprio, um corpo normalizado, uma língua, uma identidade e comportamentos reconhecíveis talvez ache difícil entender o sentido mais elementar dessas perguntas. Por isso é interessante situar-se entre aqueles que se movem no limiar: entre identidades, entre fronteiras, nas margens sociais e no limite da linguagem e das capacidades normalizadas. Pensemos a partir daí onde a cada dia se
      desenha a linha de sombra

---
[11] Ibid., p. 64.
[12] Zygmunt Bauman, op. cit., p. 151.

Escola de aprendizes

entre o dentro e o fora, entre a possibilidade de ser e a de não ser.

Não se trata de romantizar o extremo, mas sim de extremar o olhar e a compreensão. É a posição da honestidade com o real da qual falava o teólogo da libertação Jon Sobrino e que retomávamos em *Un mundo común*:[13] o lugar de uma verdade que somente se desvela se nos atrevemos a olhar para qualquer realidade a partir do ponto de vista daqueles que poderiam estar excluídos dela ou mais diretamente prejudicados. Trata-se de seguir a pista dos que não estão ou não poderiam estar. Do que é invisível ou irrepresentável. É também o gesto filosófico e literário, inclusive teatral, que faz Diderot quando escreve suas cartas sobre os surdos ou os cegos,[14] no intuito de refletir sobre quais são os contornos do que realmente é visto ou escutado por quem tem capacidade para tal.

Um dos pedagogos que fizeram do limiar uma condição para uma pedagogia de acolhida foi o francês Fernand Deligny. Sua trilha errante conecta todos meus livros anteriores, sempre aparece em algum momento, como uma sombra viva. Inclusive um desenho seu, que representa uma escada de mão sem chão e sem parede, flutua na capa dos escritos *Fuera de clase*.[15] Deligny sempre trabalhou e viveu nas margens: a orfandade e os deslocamentos de guerra, a delinquência ou a irrelevância social, e as necessidades especiais, sobretudo o autismo. Acompanhar sua trajetória pessoal e profissional nos permite pensar o que pode ocorrer

---

13 Marina Garcés, *Un mundo común*. Barcelona: Bellaterra, 2012, cap. x.

14 Denis Diderot, *Carta sobre los ciegos seguida de Carta sobre los sordomudos*. València: Pre-Textos, 2002. [Ed. bras.: Denis Diderot, *Carta sobre os cegos, Carta sobre os surdos e mudos*. Trad. Antônio Geraldo da Silva. São Paulo: Lafonte, 2021.]

15 Marina Garcés, *Fuera de clase*. Barcelona: Galaxia Gutenberg, 2016.

3. Acolher a existência

fora das geografias educacionais estáveis, quando esse *fora* não é apenas um extremo minoritário, mas cada vez mais a normalidade. Com Deligny podemos nos perguntar: como nos dar lugar sem ter lugares próprios? Podemos imaginar de maneira concreta relações e instituições capazes de receber sem relutar, estar sem centralizar e abrir-se sem ao mesmo tempo fechar? Podemos ser acolhedores se somos errantes? A resposta de Deligny a essas perguntas é uma prática constante de deslocamento e de recolhimento. «Um esboço de ser e uma construção de sombra», como diz um de seus últimos livros. É uma poética e uma política. Uma arte e um modo de fazer.

O fazer (*agir*) é justamente o vínculo de tudo o que poderia perder-se e dispersar-se, seja nos resíduos do sistema, seja nas pistas sem sombra da circulação permanente. Fazer não é atuar, esboçar não é projetar, tentar não é querer. Fazer, esboçar ou tentar se refere, para Deligny, a uma atividade desprovida de intenção consciente e verificável. Isso não significa que seja ingenuamente espontânea. Precisa de um meio adequado que lhe permita dar-se, expressar-se e ser vivida. A educação é essa prática de acolhida e de construção de ambientes habitáveis. Deligny jamais traduz essa prática em uma série de prescrições em forma de «ter de fazer» (*il faut*), mas a desenvolve num conjunto aberto de infinitivos: esboçar, errar, adornar, urdir, acreditar...

De todos os infinitivos que Deligny utiliza para apresentar a poética e a política desse «fazer», o mais importante para os educadores é o verbo *permitir*. Permitir não é dar permissão. É «permitir-lhes ter a sensação de poder alguma coisa em relação àquilo que acontece; de não ser apenas os que restam ou os que ficam...».[16] Permitir é, pois, combater a residualidade, a condição supérflua a que tantas existências são condenadas e a que, potencialmente, todos estamos expostos. Não ser supérfluo é poder alguma coisa. Poder ser, ou seja, existir. Não é necessário saber o que queremos. Ou ter um projeto atrás do outro. Basta o mínimo gesto de uma tentativa para deixar um traço de existência. Esse rastro, então, já não é um resíduo: «Esse resto, considerado um resíduo, uma sobrevivência que se vai atrofiando, é o que considero o esboço do que poderia ser o humano».[17] O educador nem o constrói, segundo o mito da fabricação, nem gere seus processos de aprendizado segundo o paradigma cognitivo atual. Está. Os educadores, no plural, são «esta estranha permanência de estar»,[18] um nós de presenças próximas e distantes ao mesmo tempo.

Deligny nos ajuda a pensar como acolher a existência a partir de uma permanência que se faz próxima sem se impor, que *permite* sem dar permissão, que faz e age sem submeter os aprendizados de vida a resultados preestabelecidos. Traça um meio onde é possível ser sem aspirar a criar novas centralidades. Essa pedagogia se baseia na capacidade de acolhida daqueles que se acompanham. Não é a hospitalidade do empregador, mas sim a daqueles que, vivendo e errando, tecem geografias nas quais outros podem aparecer também. Quando todos somos potencialmente vidas desperdiçadas, existências residuais e mentes desenganadas, talvez nos seja necessário aprender essa arte do acompanhamento. Uma arte pobre e transitória para um mundo no qual o que mais cresce são os lixões.

---

16 Fernand Deligny, *Oeuvres*. Paris: L'Arachnéen, 2008, p. 707.
17 Ibid., p. 1249.
18 Ibid., p. 777.

3. Acolher a existência 73

«Era uma vez alguns homens e pedras», escreve o pedagogo Fernand Deligny para apresentar o espaço educacional, no meio da natureza, onde ele trabalhava e acolhia a vida errática dos alunos autistas. Estar deslocados uns em relação aos outros não significa estar condenados à liberdade radical que nos obriga a nos transformamos em obra de nós mesmos, sozinhos e contra a liberdade dos demais. O desajuste também pode ser percebido e experimentado como a inquietude comum a todos os seres. Não há nada que coincida plenamente consigo mesmo nem que esteja de maneira absoluta em seu lugar. Inclusive poderíamos dizer, à luz da física e da biologia contemporâneas, que a própria matéria é essa inquietude. Educar é elaborar os ambientes físicos e culturais onde se deve acolher essa vida inquieta, seus limites e suas possibilidades.

No limiar da escola

Sempre tive dor de estômago ao cruzar a porta da escola e entrar na sala de aula. A vida inteira. Como aluna e também depois, como professora universitária. A sala de aula, como centro operacional da vida escolar, é um invento que violenta todas as relações naturais com as coisas e com as pessoas. Justamente por isso, é também capaz de despertar um desejo tão forte e insaciável. Apesar da dor de estômago, devo dizer que em poucos lugares me senti em alguns momentos tão viva quanto numa sala de aula. Porque interrompe a vida, o vazio que abre pode ser qualquer coisa: mil mundos a serem descobertos ou uma sala de tortura, o lugar para a admiração e a amizade, ou para o medo e a violência, um espaço e um tempo para o recolhimento ou um pedaço de vida insuportável, um tempo perdido e mal vivido ou aquele momento que desejaríamos que nunca terminasse. Essas opções não constituem um dilema, nem respondem a diferentes modelos de escola. Certamente a experiência escolar de qualquer pessoa incorpora doses de todas elas, em diferentes proporções e medidas.

Como o nascimento, o início da experiência escolar se baseia em uma imposição. Ninguém lhe pergunta se você quer nascer, assim como ninguém lhe pergunta se você quer ir ao colégio. A obrigação de ir à escola é uma interferência: interrompe os vínculos domésticos e com a comunidade mais próxima e nos coloca «fora». Obriga as crianças a existir (ser fora) socialmente, por meio de um uso do espaço e do tempo pautado para aprender aquilo que a sociedade onde vivem considera relevante. Entrar na escola é sair de casa: uma obrigação de dupla face, que cria um novo limiar a partir do qual nos situamos no mundo. É muito curioso o ritual televisivo de cada ano, quando se inicia o curso escolar: ir filmar as lágrimas dos mais novos quando se separam de seus pais e mães na porta da escola, no limite onde a sociedade se institui e se refunda ano após ano, curso após curso. As lágrimas são seu batismo.

O conceito de *educação obrigatória*, desde que existe, transforma o exercício de um direito (à educação) no exercício de uma obrigação (da escolarização). Dá-se por entendido que a única maneira de as crianças exercerem seu direito à educação é obrigando suas famílias a escolarizá-las, independentemente de suas possibilidades financeiras e de valores religiosos, de gênero, culturais... Como qualquer ideia social e historicamente construída, a resistência à escolarização atualmente se multiplica e vem de muitas frentes: à rejeição ideológica devem-se somar a crescente evasão escolar entre as classes mais desfavorecidas, desalentadas pela falta de expectativas, e a fuga das classes mais altas, em busca de formas de aprendizado à altura de seu potencial de êxito. A partir de 2020, além disso, soma-se também a experiência quase global do confinamento e do fechamento de escola durante vários meses por causa da Covid-19. As novas condições sanitárias levaram à necessidade de formular a seguinte pergunta: como voltar para a escola? Qualquer *como* esconde muitos *porquês* que ainda não foram respondidos. Como voltar para a escola implica, no fundo, ter de se perguntar: por que voltar para a escola?

Vai-se à escola para aprender. Essa é sua razão de ser, e uma escola na qual não se aprende é um parque infantil, um estacionamento de criaturas ou de jovens no desemprego, uma instituição social, um centro terapêutico ou uma penitenciária. Não parece necessário complicar muito a resposta, porque as complicações começam a partir daqui. O fato de a escola ser um lugar aonde se vai para aprender não significa que todos os aprendizados se façam na escola. A escola, como o teatro, precisa de pelo menos dois elementos. Se o teatro existe graças a um ator ou uma atriz e a um público, ainda que estejam no meio do nada, a escola existe ali onde se encontram um professor ou uma professora e alguns alunos, ainda que estejam no meio da floresta, numa sala de aula clandestina ou num campo de concentração. Numa época em que se pregam e se promovem as virtudes da autoaprendizagem, essa afirmação pode parecer discutível, mas uma escola sem professores é um autosserviço cognitivo ou, no melhor dos casos, uma comunidade de aprendizagens. Do mesmo modo, uma escola sem alunos ou é um fracasso econômico ou um clube acadêmico. Esta tendência é a que hoje domina a universidade: isolar seus acadêmicos mais prestigiosos em círculos de pesquisa sem alunos e direcionar o restante, precarizado, à caça e à captura de estudantes-clientes para garantir sua contratação.

Se a escola é o lugar a que vamos para aprender a partir do encontro entre professores e alunos, é também o lugar em que entram em disputa as diferentes concepções que existem, dentro de cada sociedade, sobre o que aprender e como. As disputas pedagógicas são conflitos entre mundos: entre grupos e classes sociais, entre experiências culturais, entre gêneros, entre ideologias, entre interesses econômicos e entre imaginários de presente, passado e futuro. A escola é, assim, uma das instituições mais antigas da nossa civilização, mas também uma das mais expostas à mudança, ao conflito e ao antagonismo social. Por isso mesmo, sua tendência institucional é a de se manter inflexível e reforçar sua imutabilidade. Mas, pela mesma razão, qualquer processo de transformação social implica uma firme ação pedagógica.

Quando atualmente se radicaliza o questionamento da escola a partir de tantas frentes, a principal razão para defendê-la é, para mim, justamente esta: é o lugar em que a sociedade, em seu conjunto, pode se encarregar da disputa em torno do saber, de suas implicações sociais e suas consequências políticas. A disputa em torno do saber não é uma querela teórica nas mãos de especialistas: é um conflito em carne viva que envolve todos os elementos da sociedade e suas formas de produzir, trabalhar, conviver e imaginar. É uma disputa prática, sensível e perigosa, que afeta de maneira individual a trajetória de vida de cada criança. Por isso, a escola é uma instituição política, e, quanto mais clareza tivermos disso, menos politicamente instrumentalizável ela será. Ir à escola não é comprar um produto ou receber um serviço. É participar ativamente dessa disputa e poder fazê-lo em condições de igualdade.

A escola não faz mágica: nem gera igualdade automaticamente, nem melhora a democracia de uma hora para outra, nem tampouco torna necessariamente felizes as crianças e os jovens. Pelo contrário: segrega, classifica, hierarquiza e contém a violência que a própria sociedade infiltra cotidianamente no corpo e na mente dos mais jovens. Impedir que isso tudo aconteça é algo que depende de um envolvimento constante, de um trabalho a contrapelo e de uma aliança entre setores, coletivos e instâncias da sociedade que não deleguem toda a educação à escola. Falar de uma escola de aprendizes não é invocar uma escola sem professores ou professoras, como sonham hoje as plataformas de educação *à la carte*. A escola de aprendizes é uma figura imaginária que nos deve permitir pensar os conflitos e as alianças educacionais a partir de determinado ponto de vista: o que nos abre a pergunta sobre como queremos ser educados, dentro, fora e através do sistema escolar.

A professora ignorada

A melhor maneira de atacar a escola é atacar os professores e professoras. Todos os poderes da história sabem disso. No caso da cultura ocidental, a saga dos professores perseguidos começou com a condenação de Sócrates, acusado de corromper os jovens atenienses, e não parou mais. Nos dias atuais é uma tendência global que, obviamente, tem diferenças e tradições locais concretas. Seja como for, o ataque a professores e professoras se mantém ativo por muitas vias. As vias clássicas sempre funcionam: repressão, perseguição ideológica, censura e delação. Em pleno século XXI, as forças da direita neoconservadora mobilizam em toda a Europa o medo da denúncia por doutrinação. Em países onde a educação popular foi tão importante, como no México, por exemplo, não por acaso a atual violência estrutural faz dos professores e estudantes do magistério o primeiro alvo de seus tiros, ameaças e desaparecimentos.

Por outro lado, as vias econômicas não falham nunca e se intensificam: passamos da figura do «pobre professor» ou da «professora solteirona», como figuras que desvalorizavam a existência social do professor, à geração de um exército de professores precários, engolidos pela máquina competitiva e burocrática que não os deixa respirar e que os obriga a se adaptar a qualquer exigência da instituição ou do mercado. Não se trata apenas de marcar o status social do professor como alguém subordinado ao Estado, à Igreja ou às classes dominantes, mas de sujeitar permanentemente sua atividade a mecanismos de funcionamento que ele só pode reproduzir.

Junto com essas medidas políticas e econômicas, atualmente se desenvolvem procedimentos mais sofisticados que se baseiam sobretudo em alimentar a suspeita acerca da capacidade dos professores de desempenhar seu trabalho. É uma forma de ataque insidiosa e difícil de combater, porque se instala no próprio interior do corpo docente, quando os professores desconfiam de si mesmos ou entre si. Na última onda de ataque à escola, essa suspeita se alimenta de dois argumentos principais: a defasagem dos professores em relação ao uso pedagógico das tecnologias digitais e a inutilidade de seus saberes e de sua transmissão. Já não é necessário que expliquem nada, mas tão somente que ajudem os alunos a aprender por conta própria a se relacionar com um tempo que parece ser só seu. É uma dupla operação de obsolescência programada à qual, durante a pandemia, somou-se a acusação de incapacidade e de lentidão dos professores e professoras para responder à situação provocada pelo confinamento e pelos protocolos sanitários. Todos esses argumentos confluem num mesmo ataque: «Vocês não servem mais». Já não é que sejam perigosos, mas que a existência de muitos professores e professoras é considerada tão residual quanto a das crianças e jovens a quem é preciso entreter e controlar. Todos juntos, fora de jogo.

A figura do professor ignorante sobre a qual o filósofo francês Jacques Rancière nos convidou a pensar há algumas décadas acabou sendo encarnada em sua versão mais perversa: na figura da professora ignorada, uma tipologia de docente transformada em assistente social dos pobres ou em *coach* a serviço do potencial dos ricos. A professora ignorada não precisa dominar nem transmitir nenhum saber, porque sua única função é fazer-se de mediadora e de vigilante entre os alunos e a autoaprendizagem deles. Neutralizada, assim, sua presença próxima e ligeira, esvaziada de saberes a serem transmitidos, destitui-se de sua experiência singular e única no mundo. Desse modo, a professora deixa de ser professora, e a escola deixa de ser escola.

A partir da experiência histórica do professor Joseph Jacotot, que teve de sair da França pós-revolucionária e exilar-se na Holanda, Rancière se pergunta se o professor ensina transmitindo o que sabe ou fazendo o aluno aprender por conta própria o que não sabe. Assim, o autor opõe o que denomina a «ordem explicadora», por ele considerada literalmente «estupidificante», à «ordem emancipadora», que corresponderia à segunda opção e à experiência direta de um Jacotot que se viu levado a fazer-se de professor sem poder falar a língua de seus estudantes e, portanto, sem poder explicar nada a eles. Era o professor ignorante.[19] De acordo com essa figura, a função do professor se reduz a utilizar sua vontade junto com a do aluno, a fim de «revelar uma inteligência a si mesmo».[20]

Se o professor inibe a possibilidade de explicar o que sabe e assim poder mostrar seus limites, o que resta? Na história de Jacotot, o que resta é um livro bilíngue, *Telêmaco*, em que os alunos podiam ler um mesmo texto em francês e em holandês. Resta, portanto, o instrumento de aprendizado, acriticamente despido. A mediação por si mesma, como uma evidência e não como um problema no qual indagar. Ainda que o professor não explique, sempre há uma transmissão de códigos, de referências e, portanto, transferências parciais de experiências do mundo. Atualmente, esses códigos são transmitidos pelos softwares e algoritmos que servem de interface entre o aprendiz e seu aprendizado, entre cada um de nós e o mundo. Nem *Telêmaco* era neutro, nem as tecnologias digitais são portas abertas ao mundo. São

---
19 Jacques Rancière, *El maestro ignorante*. Barcelona: Laertes, 2003, p. 15. [Ed. bras.: Jacques Rancière, *O mestre ignorante*. Trad. Lílian do Valle. Belo Horizonte: Autêntica, 2002.]
20 Ibid., p. 42.

3. Acolher a existência

relações possíveis que precisam de outras pessoas para nos mostrarem e nos explicarem seus pressupostos e seus limites. Convidar ao conhecimento é justamente isto: compartilhar o que se sabe, mostrar os próprios limites e acompanhar, na estranheza que pode ser provocada nos outros.

Em outubro de 2018, tive a oportunidade de participar de uma conversa pública com a filósofa indiana Gayatri Spivak na Bienal de Pensamento de Barcelona. Ela é uma das figuras de referência do pensamento pós-colonial, conhecida por suas leituras críticas da filosofia e da literatura contemporâneas. Mas o que não é tão conhecido é que, com o salário que ganha em uma das universidades globais mais importantes do mundo, a Columbia, ela criou uma pequena rede de escolas na Índia. Não só as financia, mas também participa delas como professora quando pode. A mestra famosa é também uma professora ignorada. Conduzi a conversa para que ela falasse dessa experiência, de suas necessidades e seus limites. Em vez de apostar tempo e dinheiro no desenvolvimento de uma pedagogia alternativa para as elites globais e pós-coloniais, coisa que emplacaria muito bem com seu nome e seu capital simbólico, Spivak utiliza seus recursos para ir à base, às sombras, às vidas condenadas desde o início à residualidade. Essa condenação é compartilhada por alunos e professores.

Ante a cultura do êxito, dos objetivos e dos resultados, Spivak nos explicava: dar aula, seja em que nível for, é «cozinhar a alma». Essa cozinha não é a de uma filosofia prática autocomplacente. Pelo contrário: é uma intervenção, sempre difícil. Na Columbia University, talvez seja preciso ensinar de novo a leitura a garotos e garotas que julgam saber tudo, mas que nunca leram de verdade. Ainda assim, já estão um tanto encaminhados. Isso acontece cada vez mais nas universidades e sobretudo nos cursos de pós-graduação. Nos povoados da Índia também é preciso ensinar a ler, mas o objetivo é outro: «Fazê-los entrar na corrente principal da sociedade, a fim de que tenham a metodologia necessária para sabotá-la». Mas, como a própria Spivak reconhecia após um trabalho de muitos anos, o caminho dos professores é feito de fracassos. Só esses fracassos podem torná-los conscientes dos limites de seu heroísmo, mas também do grau de exigência com o qual têm de lidar. As professoras ignoradas são ativistas da imaginação: «A educação é um fetiche, agora todos os jovens querem educar [...]. O que eu lhes digo é: primeiro você precisa aprender o que sua ajuda pode significar para outra pessoa. Você precisa ser capaz de estender sua imaginação até o que isso pode querer dizer». Imaginar é colocar-se em suspensão para poder se vincular àqueles que nos são estranhos. Imaginar é dar lugar a tudo o que ainda não é e aos que estão por chegar. Imaginar é, pois, uma condição para acolher a existência em toda sua estranheza e em toda sua desproporção. Mas Spivak alerta: «Não declare vitória cedo demais. Quem ganha perde».[21]

---

[21] Conversa disponível em: https://www.cccb.org/es/multimedia/videos/gayatri-spivak-y-marina-garces/230094

3. Acolher a existência

4. A quatro mãos

*Com Abel Castelló, fundador
e diretor da escola MusicActiva*

O convite

O ensino é um convite. «*Eu me ponho a fazer música e te convido a fazer aquela música comigo.*» Como o instrutor de natação de que falava Gilles Deleuze, o verdadeiro professor não é o que diz «faça como eu», mas sim «faça comigo»: nade comigo, toque comigo, cozinhe comigo, faça esse cálculo comigo... Assim comecei a tocar piano, sentada ao lado do meu professor, Abel Castelló, descobrindo a quatro mãos o sentido criativo da música. Da posição de aluna, reencontro o que há muitos anos proponho a meus estudantes como professora de Filosofia: fazer da filosofia um convite a pensarmos juntos. Não pense como eu, pense comigo. Daqui nasce também esta conversa, um convite a pensar a quatro mãos qual é nossa experiência do ensino e do aprendizado. Durante dois anos, o mesmo piano de cauda de madeira robusta foi o lugar onde aprendi a abrir as mãos para começar a fazê-las tocar, e o cenário de conversas que foram tecendo uma cumplicidade feita de dúvidas e de sonhos. Alguns desses sonhos têm forma de escola, e as dúvidas se tingem de sombras quando compartilhamos a inquietude pela passagem do tempo e suas interrupções.

«*Por que a música? O que nos ensina a música?*», me pergunta Abel e continua: «É uma arte abstrata que nos obriga a repensar a relação entre a forma e o conteúdo, e isso é extensível a qualquer coisa que você queira aprender.» A música e a filosofia têm condições parecidas: a abstração e o envolvimento. A abstração, porque são linguagens que atravessam o imediatismo da experiência e a levam além, a partir de padrões comuns. No caso da filosofia, esses padrões são os conceitos e determinadas figuras lógicas. Não compõem uma sistemática fechada, mas um jogo aberto que nos permite experimentar o caráter inacabado do pensamento humano. Com esses padrões, podemos nos mover ao longo do tempo histórico de um extremo a outro, adentrar a intimidade dos pensamentos mais secretos e nos desafiar a pensar o inimaginável, o todo, o absoluto. Podemos cruzar culturas, ver seus limites, conectar vidas que nunca se encontraram naquilo que, inclusive sem saber, podem chegar a pensar juntas. No caso da música, os padrões são relações de notas, ritmos e silêncios. Após um ano descobrindo os efeitos da combinação entre cinco notas de dó maior, a mão sempre em posição fixa, um dia deixamos os acordes fluírem ao longo de todo o teclado. Acho que nunca tive uma experiência tão intensa da imensidão. Essa relação mínima e abstrata entre «terceiras» permitia percorrer o mundo de ponta a ponta e fazia das teclas do piano uma amostra artificial, parcial e ao mesmo tempo perfeita do universo.

Por isso, junto com a abstração, a música e a filosofia compartilham o envolvimento. Atravessam o imediatismo da situação, mas não a abandonam nem se desconectam dela. Muito pelo contrário. Permitem fazer dela uma experiência mais intensa, mais elaborada e mais livre. Põem em funcionamento todos os sentidos, físicos e mentais. Pensa-se com todo o corpo, como se toca e se escuta a música também com toda a mente.

E então esse corpo que pensa, que toca e que escuta já não é só um corpo, individual e finito, mas uma relação que se transforma e que transforma o mundo. Tanto a filosofia quanto a música tornam presentes o espaço e o tempo da vivência, porque nos permitem pensar e perceber seus contornos e condições. Assim, tornam-se reais em uma experiência que precisa necessariamente ser compartilhada. Pensar é convidar a pensar, tocar é convidar a tocar e a escutar.

A partir da experiência da música e da filosofia, ampliando-a a tudo, ensinar é um convite a não ficarmos sozinhos com o que verdadeiramente nos importa. Quem nunca passou pela experiência de ter de se apressar a ensinar a alguém uma coisa que acaba de aprender? Voltar da escola e sentir a urgência de explicar aos pais o que aprendemos, voltar da rua e querer contar o que vimos, voltar de uma viagem e logo em seguida mostrar imagens dos lugares que conhecemos... É a necessidade de não poder guardar algo para si mesmo... Os professores ou professoras, de fato, não fazem outra coisa: compartilhar o que aprenderam e que não querem que fique para si mesmos. A diferença é que fazem isso com consciência e técnica, e não só por acaso ou impelidos pela urgência vital.

Aprendizado e reinvenção

«*O aprendizado reinventa o saber. O aprendizado é um ato criativo em si mesmo.*» Muito se escreveu sobre o enigma do aprendizado. Desde os primórdios da filosofia, a pergunta está aberta: como podemos aprender o que não sabemos? É preciso que já tenhamos esse conhecimento dentro de nós de algum modo? Trata-se unicamente de despertar a lembrança, como dizia Platão, por intermédio de Sócrates, em alguns de seus diálogos? Ou de encontrar as ideias inatas, como pensará primeiro a teologia e em seguida a filosofia da mente? Ou simplesmente se trata de ir ao encontro daqueles elementos que, quando nos afetam, transformam nosso ser?

Dito de forma simples, poderíamos reduzir a pergunta questionando se o aprendizado vem de dentro ou de fora, mas na realidade esse não é o verdadeiro problema. Certamente, vem de todas as partes e já está ali. O que é enigmático é o próprio ato de aprender: aprender é algo que «*tem de acontecer a cada um*», seja a partir de elementos externos, seja de elementos internos, mas, se não ocorre a cada um, não há aprendizado. Como fazer acontecer? A pergunta, que está na base de toda pedagogia, me faz pensar no enigma do riso: podemos fazer outra pessoa rir, mas nunca podemos rir em seu lugar. O humor, a arte de fazer rir, é tão antigo quanto a pedagogia. Mas do mesmo modo implica um salto e um abismo: se o outro não ri, o humor não gera risada. Se o outro não aprende, a lição não é ensinada.

Por isso Abel Castelló insiste na ideia de reinvenção ou de criação. «*Aprender é inventar ou reinventar a coisa aprendida. Qualquer coisa bem-feita que você faça é uma reinvenção.*» Isso não significa partir da mera espontaneidade, ou, menos ainda, supervalorizar a originalidade. «*O aprendizado é um processo ativo, a partir de elementos construtivos que permitem que o aluno recrie a coisa aprendida cada vez melhor.*» No caso da música, «*o professor interpreta e o aluno vai participando daquela criação, incorporando elementos, desde a imersão inicial até sua recriação*».

O caminho da invenção começa, portanto, com a imersão, e «*a primeira forma de improvisar é imitar. A imersão no modelo também é um ato criativo*». Isso quer dizer que «*o modelo é necessário para que o aluno acabe encontrando sua forma de tocar. A ideia de que o modelo restringe a criatividade é uma interpretação equivocada*». Abel me explica que «*o modelo não é a forma, e sim a forma e o sentido, é o exemplo de todo o processo*».

Nesse ponto da conversa preciso me deter. Lembro-me das muitas vezes que me recusei a dar a meus estudantes um modelo de trabalho, de resposta de prova ou de comentário de texto. Agora isso me cai mal. Eu entendia que o que buscavam era copiar a forma, e Abel e eu concordamos que aprender não é reproduzir formas. No caso da música, esse formalismo dominou um modo vazio e aparentemente virtuoso de tocar. No caso da filosofia e das ciências humanas e sociais em geral, o mesmo formalismo se traduziu num modo aparentemente técnico e resolutivo de se aproximar dos materiais estudados, que o que faz é evitar que tenhamos de compreendê-los e pensá-los. Levo em conta, pois, a insistência de Abel e ele me faz reconsiderar minha posição contra os modelos: na realidade, não era contra os modelos, era contra a forma como argumento único de aprendizado aparente. O domínio da forma se apoderou do mundo acadêmico em geral. Aprende-se na escola e se aperfeiçoa nos estudos superiores. Por isso é necessário ser muito iconoclasta, romper as formas para poder chegar a perceber, dizer e expressar as ideias, os conteúdos, os problemas e os conceitos com que estamos trabalhando. É verdade, no entanto, que na luta contra o formalismo podemos acabar perdendo a referência geradora do modelo, o modelo entendido agora sim como relação viva entre forma, conteúdo e sentido. Então, o modelo não é a forma que se impõe como válida e como padrão de reconhecimento, mas sim a pauta compartilhada, o exemplo vivido que permite dizer «toque comigo», «pensemos isso juntos».

Isso só ocorre «*se o professor está em situação criativa, porque isso é o que o aluno aprenderá, o conjunto do processo e da vivência*». Por isso, «*a questão de aprender e a de ensinar andam de mãos dadas. É impossível ensinar ao aluno se você não está aprendendo ao mesmo tempo. E isso não é um tópico, mas um tema técnico que pode ser analisado e melhorado*». O modelo, portanto, não é aquela forma, seja de que tipo for, que o aluno tem de reproduzir, mas sim o exemplo que o professor tem de dar fazendo de seu ensino, também, uma reinvenção. O formalismo, visto assim, não é só o refúgio do aluno. Pode ser o escudo do professor perante o medo e a exigência de precisar criar e reinventar o que ensina com os estudantes e diante deles.

As capacidades que não temos

«*Se não abro sua mão, ela não toca sozinha.*» Até onde o professor deve intervir para que o aluno consiga fazer algo por conta própria? A mesma pergunta vale para as demais situações educacionais: até onde é preciso conduzir e corrigir a palavra para que o estudante consiga pensar por si mesmo? Até onde é preciso amar, proteger e guiar para que as pessoas consigam ser elas mesmas? Levando ao extremo, até onde é preciso forçar o outro para que consiga ser livre? É a pergunta jamais resolvida da pedagogia moderna.

A mão pode ser aberta à força ou é possível indicar-lhe o gesto que ela não sabia encontrar. Talvez seja esta a grande distância entre uma educação autoritária e uma educação baseada na cumplicidade. O gesto terá de ser indicado muitas vezes, porque as rotinas da clausura são persistentes. Temos todo tipo de rotina incorporada, no corpo e na mente. Formas de oclusão que, como a mão sobre o teclado, o que fazem é recolher-se e proteger-se. Numa cultura da comunicação e da transparência como a nossa, é difícil ver essas formas: chegamos a acreditar que vivemos abertos a tudo. Por isso é tão interessante nos colocarmos em situações de estranheza, como a minha diante de um piano, e descobrir todos os vincos que temos marcados em nós, desde a posição corporal até a inflexão da voz ou o gesto mais inconsciente dos dedos. O mesmo acontece com as palavras e as ideias, com os imaginários e as expectativas. Aparentemente abertos a tudo, vivemos muito longe do mais básico.

Alguém, pois, precisa abrir sua mão para você. Do mesmo modo, Nietzsche escrevia que alguém precisa puxar seu cabelo e levantar sua cabeça mergulhada na corrente. Ele se referia ao efeito que os textos de Schopenhauer haviam provocado nele; estou falando de aulas de piano, mas essa intervenção decisiva sobre a maneira como nos relacionamos com o mundo pode chegar até nós de onde menos imaginávamos e sempre tem consequências não previstas.

O discurso pedagógico atual é muito centrado nas noções de talento e de potencial pessoal. A escola, os materiais pedagógicos e os professores são entendidos como os recursos que devem permitir que cada indivíduo desenvolva ao máximo os talentos e os potenciais que lhe são próprios. Comento com Abel que tenho a impressão de que estamos passando da educação formatadora à educação extrativa. A primeira moldava o indivíduo a partir de fora e lhe impunha padrões de valorização e de reconhecimento. Em nome da igualdade, condenava vidas distintas à homogeneidade ou à exclusão (daqueles que não são homologáveis ao padrão cultural, de gênero etc.). A educação extrativa, em contrapartida, mira na singularidade do indivíduo como um recurso do qual se pode extrair o melhor rendimento a partir das virtudes de cada um, e conseguir assim que cada qual encontre seu lugar e sua função no processo geral do aprendizado e seu sistema de expectativas.

O discurso da educação extrativa pretende ser inclusivo e respeitoso com a diversidade de inteligências, emoções e capacidades. No entanto, é uma abordagem mais própria de uma prospecção mineradora do que de uma proposta pedagógica. É exploradora e, no fundo, extremamente triste. Que aprender tenha a ver com o desenvolvimento de talentos que já temos, isso parece óbvio. Mas e os talentos que não temos? Penso que o que nos faz humanos, se é que isso significa algo, é o fato de sermos capazes de gerar, transmitir e compartilhar capacidades que não tínhamos. Este é o milagre mais impressionante do aprendizado: permitir que desfrutemos do que não fizemos nem saberíamos fazer por conta própria e despertar em nós relações inesperadas, imprevistas e inclusive inapropriadas com o que nos rodeia. Não somos minas com pedras mais ou menos preciosas. Somos seres mutantes, um conjunto de relações em constante transformação, e não há nada que nos transforme mais do que o que aprendemos dos outros e com os outros.

«Ensinar e aprender é gerar as capacidades que não temos.» Não deixa de ser surpreendente o fato de essa afirmação ter sido feita com veemência e alegria por um professor de música. Se em algum âmbito se instituiu a ideia de que só valem aqueles que já têm o talento para isso, é justamente na música. Na música e no esporte. É evidente que há predisposições e facilidades. Mas isso significa que se pode afirmar realmente que há pessoas que «não servem» para a música? O que estamos dizendo quando aceitamos uma afirmação como essa e sentenciamos as possibilidades de vida de tantas crianças em nome de sua incapacidade?

«Educar é gerar capacidades, não só extrair as que já temos originalmente. As pessoas costumam progredir a partir dos recursos de que já dispõem. A educação tem de nos permitir encontrar outros e ser mais equilibrados e mais completos.» Atualmente, há educadores que afirmam que as crianças sabem muito bem o que querem e que só é preciso lhes dar as ferramentas para que ponham em prática seus anseios. Fico horrorizada ao ouvir isso. Eu ainda não sei o que quero, e tudo o que fiz, melhor ou pior, foi fruto de algum feliz encontro.

Quantas capacidades que não poderíamos nem imaginar podem nascer deste ser inacabado que somos? Quantas vidas fazem uma vida? Por que não desejar aquilo que nos parece mais difícil? E se descobrimos que não somos o que parecemos à primeira vista, mas sim que podemos aprender o que nos é mais estranho e que isso pode chegar a nos definir? A educação não é uma operação de diagnóstico e de reconhecimento, mas uma experiência constante de estranhamento. Diante do potencial do talento, que se baseia na eficácia e na rentabilidade, a potência do estranhamento é uma condição política. O filósofo Jacques Rancière explicou isso muito bem em seus livros e ensaios. O momento da emancipação é aquele em que determinados indivíduos ou coletivos dão a si mesmos as capacidades que lhes haviam sido negadas, ou delas se apropriam.

Toda a cultura é uma evasão

«*Toda a cultura é uma evasão.*» Essa exclamação interrompe de repente a conversa sobre os mecanismos e propósitos da educação. Ela nos faz rir. Abel a pronuncia e ele mesmo se surpreende. No entanto, reafirma em seguida: «*Inventamos desculpas o tempo todo a nós mesmos, até que chegamos a um nível de complexidade que já não pode ser desfeito. A educação é a oportunidade de voltar a começar.*» Essas desculpas são sentidas no corpo dos alunos de música quando buscam o caminho fácil para reproduzir uma peça sem tocá-la. E nos professores que, por trás do virtuosismo, escondem sua falta de envolvimento.

«*Há medo do saber. Não aprendemos bem a pensar. O saber não tem sua função clara e então gera um conflito e uma enorme confusão.*» Um dos debates mais confusos de nosso tempo é a tensão entre aprendizado e saber. O saber é posto sob suspeita e em oposição ao aprendizado, como se pudessem ser excludentes. As tendências educativas atuais põem o foco em um aprendizado vazio de saber: aprender não é chegar a saber algo, mas gerir um estado de aprendizado permanente. O professor, para ensinar, não precisa saber, mas sim acompanhar os processos de aprendizado de seus alunos. Para que saber se tudo está na internet? E até pessoas que suspostamente sabem coisas repetem essa pergunta banal. Se o saber fosse uma determinada combinação de unidades de informação, poderíamos aceitar pensar que é suficiente com o que esteja disponível. Mas o saber é uma vivência na qual se relacionam conteúdos, sua forma e seu sentido, e é essa vivência que nos transforma. Poder dizer «eu sei» a respeito de alguma coisa não significa ter uma informação ou havê-la acessado, mas sim ter incorporado essa vivência e saber inscrevê-la em seu contexto de sentido. «*O saber tem uma natureza funcional que não se pode negar. Acho difícil imaginar o saber em si mesmo, ainda que soe bem dizer assim. O saber serve para interagir de modo favorável com um ambiente. É o que nos faz responder por suas consequências e avaliar seus resultados. Sem essa dimensão prática, torna-se difícil entender qualquer coisa.*»

Por isso, o saber implica necessariamente uma capacidade e uma responsabilidade. Sua dimensão prática não é meramente instrumental. «*Não! É sua dimensão essencial. O impacto e as consequências do saber são parte essencial de sua natureza. No caso da música, é uma recriação dos sentidos que lhe permite encontrar sua maneira de sentir e de compartilhar isso com os demais.*» Cada saber tem de encontrar sua relação com a vida de maneira concreta. «*Temos medo e preguiça de viver.*» O saber, quando se torna concreto e positivo, é o que nos permite justamente atravessar os medos e as preguiças que nos afastam da vida. Daí a importância da educação. «*Educar é fazer todo o possível para colaborar com o aprendizado do outro. O objetivo do aprendizado é alcançar um saber que tenha efeitos positivos.*»

Isso significa poder vivê-lo. O que as instituições do conhecimento fazem muitas vezes é criar contextos que isolam as vivências, de modo que elas não possam se relacionar entre si. Os efeitos de cada etapa e de cada forma de saber ficam neutralizados num espaço e num tempo que lhes são próprios. É algo que ocorre com a segmentação por idades e funções no período escolar e que acontece também, de maneira quase paradoxal, no âmbito acadêmico e universitário, onde nada mais tem relação com nada que não seja seu entorno autorreferente de reprodução e de legitimação. A consequência desse tipo de institucionalidade é que podemos ter tanto conhecimento acumulado quanto quisermos, e mesmo assim em nenhum caso ele chega a constituir uma fonte de saber.

No caso da música, a situação é flagrante. Uma das artes mais diretas e mais presentes na vida das pessoas, por um lado, está desprestigiada e maltratada no sistema escolar, onde não há uma verdadeira educação musical, e, por outro, está capturada por um sistema de escolas de música baseado na dificuldade, no talento natural, no sofrimento pessoal e no virtuosismo. Desde o início compartilho com Abel o desassossego por essas lógicas segregadoras e autorreferenciais dos diferentes ensinos e o desejo de intervir para modificá-las. No caso dele, a partir da criação de uma escola que faça jus à convicção de que a música pode ser ensinada com rigor a qualquer pessoa interessada em ter uma experiência criativa com ela. No meu caso, a partir da exigência de aproximar as ferramentas do pensamento filosófico de qualquer pessoa disposta a problematizar as representações estabelecidas da realidade.

No fundo, trata-se de romper as dinâmicas culturais da evasão, como diz Abel. E isso implica basicamente uma coisa: ir ao essencial de cada situação. *Essencial* é uma palavra que assusta, porque parece nos condenar ao essencialismo, à ideia de que existem coisas que só podem ser como lhes corresponde e de que há substâncias e identidades eternas. Mas *essencial* também significa o que é elementar ou básico de cada coisa, de cada relação, de cada possibilidade. Confiar que poder ir até a dimensão mais básica de cada aprendizado é a chave para uma educação que não se proteja nem se evada. «*Se funciona com a música, que é complicadíssima, pode-se aplicar a todo o aprendizado. Até que ponto isso pode ser subversivo ou revolucionário em uma sociedade que se dedica a proteger-se de seus fantasmas? Uma revolução pedagógica deve ser feita com muita cautela e com estratégia, porque o mundo está na defensiva e a reação é perigosa. O mundo é como um animal ferido.*»

A escola: onde voltar a começar

A escola pode ser o lugar onde voltar a começar em um mundo que não se pode deter. «*A história da escola está ligada à necessidade de encontrar um caminho para aprender. Se tivéssemos encontrado um modo mais plácido de aprender, não teríamos precisado da escola.*» A educação não é qualquer aprendizado espontâneo ou intuitivo, mas sim implica uma ação consciente, critérios, práticas, técnica e, relacionando tudo isso, a criação de um ambiente. Os ambientes educacionais podem ser de muitos tipos, e poderíamos imaginar vários outros além dos que existem atualmente. Também se dão ali onde não os vemos ou não os reconhecemos. Com base em sua experiência de haver criado uma escola e de tê-la dirigido por duas décadas, pergunto a Abel quais são para ele os elementos básicos ou essenciais que uma escola deve ter. «*Para mim, o ambiente que predispõe a um bom aprendizado precisa ter, no mínimo, algumas qualidades básicas: 1) poder sentir e viver com a devida intensidade, ou seja, que a escola permita um envolvimento sem medos; 2) poder compartilhar; 3) bondade; 4) modéstia... ou seja, tudo o que liberta você de suas defesas.»*

De todas as qualidades, a que mais me surpreende é a bondade. Talvez seja eu quem está se colocando na defensiva. Bondade? Bondade de quem? «*Devemos acreditar que todo mundo tem um lado bom e que, tecnicamente, podemos fazer com que surjam e se desenvolvam todas as faculdades criativas.*» A bondade não é o talento. É a possibilidade de relacionar o que uma pessoa pode fazer e saber com suas consequências positivas. «*Quando se tem uma experiência positiva, deixa-se de ser um idiota.*» Uma risada me escapa. Não sei como se deixa de sê-lo. Ou se realmente toda a história da educação foi tão negativa que a humanidade acumulou maldade para vários séculos. Ainda assim, Abel insiste. Ele me explica que, saindo de uma audição de alunos, uma mãe lhe disse: «*Quando saímos daqui, temos a sensação de que todo mundo é bom*». É curioso. É uma sensação que eu também tive na escola primária dos meus filhos. Apesar da distância entre uma pequena escola de música e uma escola pública primária, a sensação é a mesma: a de que há ambientes que predispõem a uma percepção da bondade como elemento fundamental das relações que se estabelecem. É uma sensação que, em contrapartida, nunca tive na universidade. Não nos acostumamos a respirar bondade na universidade. Também é um ambiente educacional. Ou talvez o problema seja que não o é exatamente e que pouco a pouco a universidade está deixando de ser pensada a partir da educação. De fato, é o que confirmam as diferentes restruturações governamentais, que delegam a administração da universidade a qualquer departamento, conselho ou ministério, exceto à área da Educação. Isso se reflete no pouco peso que a docência tem nas carreiras acadêmicas de prestígio.

O que aproxima a educação a certa ideia de bondade? Penso que não é nada que tenha a ver com as virtudes morais. Aqueles que se dedicam à educação não são nem melhores nem piores que os demais. Tampouco são pessoas mais educadas e moralmente melhores. Isso é uma obviedade. Abel argumenta que para ele tem a ver com a relação que se estabelece entre saber e poder. «*Quando uma pessoa é capaz de exercer o poder sobre si mesma, não se dedica a exercê-lo sobre os outros. Isso depende de como se utiliza o saber.*» Não se trata, portanto, de moral, mas de emancipação. Ter experiência direta e compartilhada de que a própria pessoa pode fazer bem determinadas coisas lhe dá uma experiência do poder muito diferente da do domínio. É o poder da autonomia, experimentado de maneira concreta, seja por meio de uma peça musical, de uma operação matemática ou de uma redação.

A autonomia própria implica a liberdade do outro. Essa afirmação é muito distinta daquela do liberalismo formal, segundo a qual a liberdade de um termina onde começa a do outro. Do ponto de vista da autonomia concreta, as liberdades não se justapõem, mas sim estão envolvidas, necessitam umas das outras. É uma autonomia recíproca. «*Utilizo todos os recursos para que a pessoa seja cada vez mais autônoma para recriar a música. Como professor, o que você quer é que o aluno chegue muito mais longe do modelo que lhe foi ensinado.*» Educar é querer a liberdade do outro, a liberdade como expressão de critérios e de capacidades. Daí a percepção de uma estranha bondade: educar é querer bem ao aluno a partir do envolvimento do professor para libertá-lo de suas defesas e do medo de viver.

Cada vez mais, a educação tanto por parte dos pais quanto dos professores começa com um convite a escolher: os pais perguntam aos filhos e filhas que quase não sabem falar o que eles querem fazer no fim de semana, ou os professores acompanham projetos que acabam consistindo apenas em escolher um tema arbitrariamente. «O que você quer fazer?» seria a pergunta-chave dessa descarga educativa que apresenta como liberdade de escolha o que na realidade é uma desresponsabilização. Esse convite a escolher é justamente o reverso do convite a aprender. Diante do «o que você quer?», constantemente dirigido ao sujeito da sociedade de mercado, entregue à sua frágil e arbitrária individualidade, o «faça comigo» com o qual iniciávamos a conversa: toque comigo, pense comigo, desenhe comigo..., é o gesto mínimo, essencial ou elementar, da educação. É a experiência de um compromisso que redefine o tempo e o espaço da vivência em torno da possibilidade de compartilhá-la e, ao mesmo tempo, de levá-la mais além. É o gesto mínimo que abre sua mão. O gesto mínimo que organiza um sistema aparentemente tão complicado como é uma escola. O gesto mínimo que torna a vida possível.

5. Elaborar a consciência

Um jovem menor de idade segura a própria cabeça e diz: «Nós não temos cérebro». Tem o rosto pixelado e se dirige às câmeras de um centro de reeducação de menores em uma ilha do sul da Itália.[1] Esse garoto, como seus companheiros, cresceu em meio a drogas, pobreza e máfia. O Estado utiliza uma combinação de ação penitenciária e educativa para endireitar o caminho deles. Mas as palavras do garoto tocam o ponto fraco dessa operação: eles não têm cérebro. Ou seja, a devastação já ocorreu ali onde o sistema atual focaliza todas suas promessas e todas as expectativas: o cérebro. Ele segura a cabeça porque se refere ao cérebro físico, orgânico, já afetado por uma infância degradada. Mas entendeu perfeitamente que o cérebro não é só um órgão. É um potencial que, em seu caso, já ficou fora de lugar. Fala de quem se sabe resíduo. Vida desperdiçada consciente de si mesma.

No outro extremo desse depoimento, o marketing cognitivo inunda redes, escolas e universidades com propostas para exercitar, programar e melhorar as capacidades do próprio cérebro. «Decidi mudar meu cérebro.» Esse é o ponto de partida de Barbara Oakley, autora de um dos cursos mais vistos da história na plataforma da MOOC Coursera. Ela fez cópias no formato de TED Talks e livros. Em seus livros e cursos, apresenta um depoimento pessoal de esforço e de êxito baseado em mudar padrões de aprendizado, desde uma infância sem acesso a uma boa educação, à passagem pelo

---
[1] Depoimento da reportagem feita por Raphaël Tresanini e Nicolas Dumond e veiculada pelo programa *30 Minuts* da emissora catalã TV3 em 7 de julho de 2019.

Exército e, por fim, à formação em Ciências e em Tecnologia no mais alto nível. É uma história individual baseada no desenvolvimento de técnicas de aprendizado que supostamente qualquer outro indivíduo poderia aplicar em outros contextos, independentemente de fatores sociais, culturais ou de conteúdo. A ideia é modificar os comportamentos e, dessa forma, reprogramar o cérebro. Barbara Oakley não é um caso isolado. Trata-se apenas de uma voz popular, entre outras, do que é uma onda acadêmica e midiática das ciências do aprendizado e de suas ramificações na psicologia, na pedagogia, nas neurociências e na tecnologia. Cérebros orgânicos, cérebros de silício, neurais ou algorítmicos, são a nova fantasia humana, pós-humana e transumana acerca de um novo potencial. O fato de haver uma parte de fantasia não significa que não haja vontade de poder. Basta seguir a pista dos investimentos econômicos dedicados a ela.

Guerra de cérebros

Podemos nos perguntar: qual dos dois é mais capaz de pensar por si mesmo, o garoto pixelado em uma ilha do sul da Itália ou a reprogramadora de cérebros? A pergunta poderia abrir um debate que a página escrita não permite, mas que deixo aberto e a cargo dos leitores. No entanto, avanço em minha reflexão, que apresentarei ao longo deste capítulo. Para mim, é evidente que quem pensa por si mesmo é o garoto capaz de dizer «não temos cérebro». Não se apega a resultados. Não tem o aval do êxito, como Barbara Oakley e tantos outros como ela. Sua consciência é clara a respeito das mensagens que recebe do sistema institucional, tanto penal quanto educacional. Quanto à sua própria existência, não teria como estar mais consciente a respeito dela. Sua constatação, quase forense, estabelece um limite a partir do qual tudo está por voltar a ser pensado: o que pode fazer alguém cujo cérebro já foi devastado?

Ao longo do livro definimos a emancipação como a capacidade de pensar por si mesmo em relação aos demais. Nesse sentido, poderíamos dizer que é ele quem, apesar da devastação e da reclusão, está mais emancipado. O fato de o menino pixelado poder ser visto como um homem emancipado pode parecer absurdo. É um perdedor desde o ponto de partida do jogo. Nietzsche diz em *Genealogia da moral* que o homem de livre-arbítrio, o que acredita ter poder sobre seu destino, é quem, internalizando a norma, considera-se soberano de sua consciência. Evidentemente, essa soberania é uma ilusão construída em cima de muita dor. A camisa de força da alma se aplica tanto aos vencedores quanto aos vencidos nesse processo de civilização que confunde a autonomia com o domínio. Atualmente, essa confusão perigosa se apresenta como um programa promissor de melhora cerebral cognitiva e emocional, baseado nas ideias de autorregulação e de reinvenção. A consciência é outra coisa. Pensar por si mesmo não tem a ver com o domínio do próprio destino, nem sequer do próprio projeto vital ou pessoal. Consiste em poder elaborar uma consciência do mundo por meio da própria existência, seja qual for seu ponto de partida ou de chegada.

Os neurocientistas afirmam que a consciência é a última fronteira da ciência, o mistério que os grandes avanços da neurociência da última década do século XX ainda não conseguiram decifrar. Talvez porque muitos deles ainda tenham o olhar dos exploradores e dos pesquisadores do universo, que buscam a verdade última e seu lugar secreto. Mas esse Santo Graal neurológico não passa do efeito incerto mediante o qual emerge um *quem*. Ou seja, um si mesmo que pode dizer «eu», que pode se expor com mais ou menos vergonha e que pode aprender a viver com os outros, com mais ou menos sorte. Se existir é «estar fora», a consciência é uma dobra, um conjunto aberto de sensações, percepções e relações que se redobra para dar conta de si mesmo e do mundo.

Cada vez sabemos mais coisas sobre o funcionamento do órgão cerebral. A última década do século XX foi declarada a «década do cérebro». É o que proclamaram políticos, cientistas e instituições nacionais e globais; especificamente, em 17 de julho de 1990 isso foi anunciado em caráter público por George Bush, então presidente dos Estados Unidos. No entanto, a década do cérebro ficou curta e abriu caminho para o século do cérebro, porque existe a previsão de que o cérebro será a nova terra incógnita onde tanto a ciência quanto os projetos tecnológicos e políticos do futuro imediato descobrirão novos territórios e construirão seus domínios. A neurociência está se transformando na matriz invisível das demais ciências e práticas sociais, desde as mais especulativas até âmbitos tão práticos quanto a inovação tecnológica ou o marketing. Evidentemente, a pedagogia ocupa um lugar central nessa visão em que a neurociência se transforma em paradigma a partir do qual tudo deve ser explicado. De novo, a tentação totalizadora e a proliferação de mitos que servem para construir novas cosmovisões. Por isso, é muito tênue a fronteira entre as neurociências (é melhor se referir a elas no plural) e o neurocentrismo, como forma de ideologia que explica tudo por meio de sua suposta base neuronal. E a tentação é muito forte, porque as neurociências parecem poder oferecer justamente aquilo que mais nos falta na experiência contemporânea do mundo: evidências e autoridade. Evidências e autoridade científicas que, se não são tratadas criticamente, tornam-se evidências e autoridade políticas.

Plasticidade e flexibilidade

Somos nosso cérebro: esse é o pressuposto fundamental das neurociências contemporâneas. O cérebro é caracterizado pela plasticidade, acrescentam. *Cérebro* e *plasticidade* são as duas palavras-chave desse novo paradigma. Dita assim, a afirmação pode parecer transparente, quase óbvia. No entanto, o que é e de quem é meu cérebro? Como o definimos e o delimitamos? Onde começa e onde acaba? Talvez pudéssemos dizer, parafraseando o velho dogma liberal, que meu cérebro acaba onde o do outro começa. Ou mais precisamente: onde entra em competição com o do outro.

A década do cérebro não só expandiu o conhecimento que temos do órgão cerebral, mas também pôs os cérebros a competirem e a lutarem entre si. Na década do cérebro, os cérebros humanos e suas ampliações não humanas entraram em guerra: entre eles e as máquinas, e entre projetos de pesquisa que hoje traçam toda uma geopolítica da ciência do poder. A linguagem militar e a esportiva, que sempre estiveram em continuidade, colonizaram os neuroterritórios. As competições entre humanos e máquinas em partidas de xadrez, por exemplo, são uma das encenações paródicas dessa guerra que se trava cotidianamente entre nós, entre uns e outros. O treinamento, o rendimento, a eficácia, a fronteira, a superação, a potência... são parâmetros de uma concepção da inteligência que se mede em função de seus objetivos e de seus resultados. *Objetivos* e *resultados*: mais dois termos que organizam, hoje também, toda a prática pedagógica. Alcançados? Não alcançados? As tachinhas no mapa militar são as luzinhas no mapa neuronal. E, como toda guerra militar ou esportiva, também a guerra de cérebros tem suas elites, seus vencedores e suas vítimas. «Nós não temos cérebro.»

A guerra de cérebros tem dois objetivos principais: aumentar a inteligência e capturar a atenção. Nessa guerra, a inteligência é a potência, e a atenção é o recurso. A combinação de ambas é medida em índices de eficácia e de rendimento. Os parâmetros desse campo de jogo se manifestam de forma muito evidente no campo da pedagogia atual. Segundo essa ideologia neurocêntrica, a inteligência é entendida como a capacidade de resolver problemas num ambiente em transformação. Resolver problemas adequadamente é adaptar-se com êxito às exigências do ambiente, de maneira efetiva e, inclusive, criativa. A partir dessa concepção de inteligência, qualquer aprendizado adquire um sentido adaptativo, solucionista e otimizador. Seu objetivo, em última instância, é dominar ao máximo a incerteza. Do mesmo modo, a atenção é vista como recurso escasso que deve ser explorado, ampliado e aproveitado até suas últimas possibilidades. Com base nessa abordagem economicista e extrativa, a atenção é um limite para as fantasias da superinteligência. A fantasia de aumentar indefinidamente a eficácia resolutiva dos processos inteligentes entra em choque com o fator humano: por ora, nós humanos ainda temos uma capacidade limitada de atenção, tanto em qualidade como em quantidade. A partir da guerra de cérebros, «sou meu cérebro» significa implicitamente «sou o que meu cérebro vale e o que ele é capaz de fazer». Se Espinosa tornou famosa a expressão de que não sabemos do que um corpo é capaz, grande parte dos esforços das neurociências e de seus derivados, como o neuromarketing, estão voltados para a tentativa de saber o que um cérebro pode fazer e até onde vão os limites da inteligência (humana e não humana) e da atenção. Com base nessa métrica neuronal e computacional, a principal virtude do cérebro, que é sua plasticidade, fica submetida a um único critério de valor: até onde se pode ampliar?

Como analisa a filósofa francesa Catherine Malabou, a plasticidade do cérebro fica assim reduzida à sua flexibilidade, que é um conceito central do capitalismo neoliberal. «A flexibilidade é o avatar ideológico da plasticidade.»[2] Enquanto a flexibilidade é definida unicamente como a capacidade de receber uma forma, a plasticidade inclui também a de criar, modificar e até mesmo destruir toda forma adquirida. Por isso, como diz Malabou, toda visão acerca do cérebro é necessariamente política. Não se define pela pergunta «do que meu cérebro é capaz?», mas sim, como reza o título de um de seus livros: o que temos de fazer com nosso cérebro? Com base nessa perspectiva, não somos apenas o que nosso cérebro vale e o que ele é capaz de fazer, mas somos tudo aquilo com que nosso cérebro se relaciona. Para além da

---

[2] Catherine Malabou, *What Should We Do with Our Brain*. Nova York: Fordham University Press, 2008, p. 12.

5. Elaborar a consciência

flexibilidade, a plasticidade é relação criativa e possibilidade de destruição.

A guerra de cérebros é uma guerra comercial, tecnológica e social que se centra na conquista de uma terra finita e cada vez mais maltratada. Nós a vivemos cotidianamente e em todos os âmbitos da vida, de noite e de dia. Também experimentamos os males que ela provoca, com a sensação de que é cada vez mais difícil prestar atenção em algo ou alguém. Nós docentes sabemos disso muito bem, mas não é algo exclusivo da prática educacional. Infiltra-se no dia a dia de qualquer interação e o coloniza. Poderíamos dizer, sem que se trate apenas de metáfora, que o capitalismo cognitivo se dedica ao *fracking* da atenção: extrai de nosso cérebro até a última gota de atenção disponível, ainda que precise espremê-lo, intoxicá-lo e fazê-lo adoecer. Nesse sentido, a guerra de cérebros é também uma guerra contra o cérebro.

A dobra

A obra do filósofo francês Denis Diderot é uma sucessão de cenas. Em uma delas encontramos seu amigo D'Alembert delirando na cama devido a uma febre, ao lado de sua amiga Mademoiselle de Lespinasse e do doutor Bordeu, que atende o paciente. Eximido de toda responsabilidade pelos efeitos do delírio, D'Alembert lhes explica as principais teses do materialismo mais escandaloso da época, e os três mantêm uma conversa muito divertida. D'Alembert explica: «Deixem de lado as essências. Olhem para a massa geral ou, se a imaginação de vocês for estreita demais para abarcá-la, olhem para a primeira origem e o último fim de vocês. [...] O que é um ser? A soma de certo número de tendências».[3] No contínuo da massa viva e sensível da matéria, o homem é só um efeito comum que sofre a síndrome do efêmero, que é a de «um ser passageiro que acredita na imortalidade das coisas»,[4] especialmente na sua própria. Os três interlocutores se enredam numa conversa sobre o eu e a consciência. Se qualquer forma da natureza é só um efeito transitório da matéria, um conjunto de tendências e de graus de sensibilidade, como sei que eu sou eu? «Por que sou este?», pergunta D'Alembert, e «como continuei sendo eu para os outros e para mim mesmo?».[5]

Essa cena paródica do cientista que delira na cama, entre o olhar médico e o olhar erótico, sugere muitas perguntas com as quais a ciência se debate até hoje. Ou afirmamos o dualismo (isto é, que a consciência ou a mente são algo distinto da matéria) ou temos de assumir que o fato de ser a si mesmo não está em nenhum lugar específico. O eu é só uma relação. «Realmente», pergunta Mademoiselle de Lespinasse, «por que eu não penso por todas as partes?» E o doutor Bordeu lhe responde: «Porque a consciência não é mais que um lugar».[6] Vinculada às ilusões da memória, poderíamos dizer que a consciência é esse lugar ao qual voltamos mais vezes e que o eu não é mais que o efeito desse ir e vir. A própria pessoa não é a protagonista da cena, mas a possibilidade de voltar a ela.

A partir dessa concepção do eu, a educação não seria a construção de um personagem, mais ou menos protagonista, mas sim o acompanhamento desse movimento sempre

---

3 Denis Diderot, «Sueño de D'Alembert». In: Denis Diderot, *Paradoja del comediante y otros ensayos*. Madri: Mondadori, 1990, p. 40. [Ed. bras.: Denis Diderot, «O sonho d'Alembert». In.: Denis Diderot, *Textos escolhidos*. Trad. Marilena de Souza Chauí, J. Guinsburg. São Paulo: Abril Cultural, 1979.]
4 Ibid., p. 35.
5 Ibid., p. 60.
6 Ibid., p. 68.

5. Elaborar a consciência

em perigo, o movimento de poder voltar à cena. Depende da própria pessoa, mas não está apenas nas mãos dela. Há obstáculos, abismos e caminhos de não retorno. Há olhares e condições de vida que inibem e interrompem o regresso. Como observamos no início deste livro, perder o rosto é não poder voltar a si mesmo pelo efeito do olhar do outro, concreto ou ideal. Acolher a existência não se reduz então a receber o outro como se já fosse alguém ou algo. É tornar possível a continuação do seu ir e vir. O caminho de casa para a escola que dá origem à figura do pedagogo é também esse caminho invisível de oscilação e de volta sobre si. O professor é um acompanhante, sim. Mas acompanhar não é treinar nem potencializar. É deixar chegar e deixar partir, acolher e despedir.

Embora esses delírios diderotianos pareçam meras metáforas ou conjeturas picantes de salão do século XVIII, suas implicações chegaram até as ciências contemporâneas. O psicólogo suíço Jean Piaget, numa obra de 1947, definia a inteligência com as seguintes palavras: «Não consiste numa categoria isolável e descontínua dos processos cognitivos [...]. Não é uma estrutura entre outras: é a forma de equilíbrio em direção à qual tendem todas as estruturas cuja formação deve ser buscada a partir da percepção, do hábito e dos mecanismos sensório-motores elementares».[7] Segundo essa definição, a inteligência não seria uma faculdade, mas sim uma forma de equilíbrio, uma tendência, como escrevia Diderot, que sintoniza de modo instável diferentes níveis de experiência do mundo.

Com base na neurociência mais recente, Antonio Damasio também se vale da ideia de equilíbrio

---

7 Jean Piaget, *La psicología de la inteligencia*. Barcelona: Crítica, 1983, p. 17. [Ed. bras.: Jean Piaget, *A psicologia da inteligência*. Trad. João Guilherme de Freitas Teixeira. Petrópolis: Vozes, 2013.]

Escola de aprendizes 110

para explicar a formação da consciência, como parte da evolução biológica e da evolução cultural. Para Damasio, a construção de uma mente consciente faz parte de uma evolução de milhões de anos na qual o que ele denomina «homeostase sociocultural» intervém como uma nova camada funcional da gestão da vida, criando equilíbrio onde se detecta um desajuste. «Os avanços culturais respondem a uma detecção do desequilíbrio no processo da vida e tentam corrigi-lo dentro das limitações impostas pela biologia humana e das restrições ditadas pelo ambiente social e físico.»[8] Nesse trabalho de equilibrar o que sempre tende ao desequilíbrio, o sentimento de ser a si mesmo introduz, segundo Damasio, uma dobra. A sensação do que ocorre se dobra junto com as imagens dos objetos, de tal maneira que a experiência se organiza com base em um dentro e um fora que emergem a partir da existência do próprio corpo e de suas interações com diferentes níveis do ambiente. Portanto, a consciência seria aquela perspectiva ou ponto de vista que aparece com a criação instável de um dentro e de um fora a partir dos quais é possível organizar minimamente a experiência do mundo. Diderot, na voz de D'Alembert, utilizava imagens como as cordas do cravo e suas vibrações, ou como o zumbido de um enxame de abelhas. A ciência contemporânea fala de equilíbrios, homeostases e reverberações. A existência humana e sua consciência flutuante não são mais que a possibilidade de continuar vibrando, indo e vindo, como dizíamos. A consciência recolhe a inquietude da matéria, comum a todos os seres, num lugar aonde podem voltar temporariamente.

---

8 Antonio Damasio, *Y el* cérebro *creó al hombre*. Barcelona: Destino, 2010, p. 437. [Ed. bras.: Antonio Damasio, *E o cérebro criou o homem*. Trad. Laura Teixeira Motta. São Paulo: Companhia das Letras, 2011.]

5. Elaborar a consciência

Nesse sentido, o filósofo Gilles Deleuze, na mesma época em que escreveu as reflexões sobre a política do rosto que já comentamos aqui, dedicou um livro à noção de dobra e, especificamente, à filosofia de Leibniz no contexto barroco. Nessa obra ele escreve: «Toda consciência é um limiar. Sem dúvida, em cada caso será preciso dizer por que o limiar é um ou outro».[9] Quais das muitas percepções nebulosas e confusas que nos percorrem chegam à consciência e de que maneira? Essas percepções, diz Deleuze, constituem o estado animal ou animado por excelência: a inquietude. Se acolher a existência é compartilhar a inquietude, elaborar a consciência é fazer dela um lugar de onde ir e vir, um ponto de vista instável a partir do qual seja possível experimentar o mundo de tal maneira que nossas inquietudes não possam ser transformadas em medos manipuláveis nem orientadas para formas de servidão.

O lado de fora da consciência

A consciência é um lugar. A consciência é uma dobra. Mas, curiosamente, a consciência é um lugar que não tem um lugar próprio entre as dobras do cérebro. Como explica em seus livros o catalão David Bueno, a consciência é uma propriedade emergente, ou seja, que não pode ser diretamente atribuída a nenhuma das partes que interagem para que se dê. Com base no funcionamento do cérebro, a função mental que nos permite perceber o que ocorre ao nosso redor e dentro — ou seja, a consciência — é gerada por agregação dinâmica de muitos elementos e

---

9 Gilles Deleuze, *Le pli*. Paris: Minuit, 1988, p. 117. [Ed. bras.: Gilles Deleuze, *A dobra: Leibniz e o barroco*. Campinas: Papirus, 2012.]

componentes, de muitas áreas do cérebro que entram em uma relação sustentada reverberante, reentrante e recursiva.[10] Além disso, David Bueno acrescenta que a plasticidade do cérebro humano tem a ver com uma característica que lhe é própria: a neotenia. Ou seja, trata-se de um órgão que mantém sua imaturidade em estado adulto. Isso significa que é um órgão disposto a não chegar nunca a ser totalmente ele mesmo. Não tem uma natureza finalística, mas relacional. Ser a si mesmo, portanto, é poder situar a própria imaturidade em continuidade com essas relações necessárias. Assim, uma pedagogia emancipadora seria aquela que cuida dessas relações. Sua medida não é aumentar a eficácia, mas sustentar o equilíbrio.

Onde está esse lugar se não é localizável em uma área específica do órgão cerebral? E, se esse órgão é imaturo e sempre inacabado, até onde vão as relações que o configuram? Roger Bartra apresentou uma hipótese muito interessante. A partir de uma abordagem antropológica do estado atual das neurociências, ele desenvolve a ideia de exocérebro. Ou seja, sugere que a realidade cerebral não acaba no órgão neuronal e em seus circuitos, mas continua em «circuitos extrassomáticos de caráter simbólico».[11] As redes do cérebro, portanto, não só estariam dentro do crânio. Seriam um contínuo entre os neurônios e as próteses culturais, que prolongam e transformam os circuitos nervosos incompletos. Isso significaria que o espaço consciente não se encontra totalmente dentro do cérebro. A consciência não seria a representação interior de um mundo exterior, mas sim a relação que cria essa distinção sobre um contínuo em que neurônios, palavras, rituais ou objetos se entrelaçam sem se dissolverem.

---

[10] David Bueno, *Trenca-t'hi el cap*. Barcelona: Destino, 2019, p. 92.
[11] Roger Bartra, *Antropología del cerebro*. México: FCE, 2007, p. 25.

5. Elaborar a consciência

De novo estamos diante da ideia do equilíbrio ou da dobra que permite reunir uma experiência individual, mas não separada do mundo. Para além do dualismo (corpo/alma, natureza/cultura) e do reducionismo a um sentido estreito da matéria (neste caso, biológico-neuronal), o olhar antropológico de Bartra situa a gênese da consciência em um *entre*. A possibilidade de ser a si mesmo é o efeito tanto da evolução quanto da interação.

O olhar antropológico atual reencontra assim o da psicologia de Lev Vygotski, que no início do século xx explicava a gênese sociocultural da mente e a continuidade entre o cérebro e as mediações culturais que o compõem. Com base nessa abordagem cultural da psicologia, não há um dentro-fora separados, mas sim um conjunto de interações e de mediações que, inseparavelmente, armam a arquitetura tanto da mente quanto da cultura, tanto da linguagem quanto do pensamento. Essas mediações, que impulsionaram a evolução da espécie e de cada indivíduo, não são um mero intercâmbio de informação mais ou menos bem processada. São um diálogo trágico e conflituoso em que se constrói a própria natureza do que vamos sendo, cena após cena. Os psicólogos Pablo del Río e Amelia Álvarez explicam num artigo[12] que, quando Vygotski foi internado pela última vez no hospital para morrer, com apenas 37 anos de idade e uma longa tuberculose, teve de escolher que livro levaria entre seus dois preferidos: a *Ética* de Espinosa ou o *Hamlet* de Shakespeare. Escolheu o segundo. O ser nos determina, como sabia Espinosa, mas por isso mesmo não basta compreendê-lo: a tragédia continua aberta.

---

12 Pablo del Río e Amelia Álvarez, «De la psicología del drama al drama de la psicología. La relación entre la vida y la obra de Lev S. Vygotski», *Estudios de Psicología*, vol. 3, n. 28, 2007, pp. 303-32.

6. Atreva-se a não saber

«*Sapere aude*» é o lema de maior sucesso da propaganda iluminista. Não é uma invenção moderna, já que vem do latim de Horácio, mas sua difusão, desde o famoso artigo de Kant «O que é Esclarecimento?», responde sim a uma concepção moderna da educação e do saber. Especificamente, sugere que o acesso ao saber é a condição para se incorporar à vida pública e participar dela com plena liberdade. O panfleto kantiano, como costuma acontecer com os escritos desse filósofo, abre e fecha ao mesmo tempo um campo de possibilidades.

O acesso ao conhecimento

Kant é um dos filósofos mais capazes de ver o abismo dos anseios humanos e, talvez por isso, um dos mais rigorosos na hora de pôr limites neles. Abre um abismo de liberdade quando diz que se atrever a saber é «ter coragem de servir-se do próprio entendimento sem a orientação de outrem».[1] Pensar por si mesmo não é o mero uso de uma faculdade. É um atrevimento contra diversos perigos, externos e internos. Fora de nós, somos perseguidos por todo tipo de tutores que pretendem apropriar-se do pensamento e do arbítrio dos demais, desde profissionais e servidores públicos, como médicos, juízes e instrutores, até os poderes político e religioso. Mas dentro de nós — não devemos

---

1 Immanuel Kant, *¿Qué es la ilustración?* Ed. R. Aramayo. Madri: Alianza, 2004, p. 87. [Ed. bras.: Immanuel Kant, *Textos seletos*. Trad. Raimundo Vier e Floriano de Sousa Fernandes. Petrópolis: Vozes, 2012.]

esquecer — estão nossos piores inimigos: a preguiça e a covardia. «Não é preciso pensar, desde que se possa pagar»,[2] escreve Kant.

Rapidamente, o próprio Kant fecha o abismo que acaba de abrir e redireciona as margens da liberdade recém-descoberta. É a liberdade de «fazer uso público da razão em todos os âmbitos», e sua potência precisa ser canalizada. Por isso Kant a situa na estreita margem de três condições: a primeira, que só possa gozar dessa liberdade quem houver tido acesso ao conhecimento. São os «doutos» ou «instruídos» (*Gelehrte*), e só podem opinar sobre o que sabem. A segunda condição é que o livre uso do próprio entendimento só pode ter lugar na esfera pública. Hoje a denominaríamos audiência ou opinião pública. E, finalmente, a terceira condição é que precisa ter um propósito, que é o de contribuir para o progresso da humanidade, ou seja, «ampliar seus conhecimentos, retificar seus erros e, em geral, continuar avançando na direção do esclarecimento».[3] Só respeitando essas três condições, segundo Kant, é que se pode garantir uma relação com o saber que transforme a sociedade para melhor, sem interromper seu bom funcionamento.

A importância desse texto é que expressa perfeitamente a tensão interna entre a potência de pensar, aberta a qualquer um, e sua limitação em função de um sistema de conhecimento legítimo e representável. É a tragédia da consciência: sua liberdade não é livre, mas sempre se dá sobre limites que ela mesma põe em questão. Diante dessa, o intelectual surge como aquela figura chamada a contribuir com seus raciocínios e conhecimentos para o progresso da sociedade, sem pôr em perigo sua ordem e seu

---
2 Ibid., p. 87.
3 Ibid., p. 93.

Escola de aprendizes 116

funcionamento. De acordo com esse esquema de origem burguesa, a liberdade de pensamento tem um campo de jogo: o da esfera pública dos instruídos. Fora desse campo, a obediência. Ou seja, reduz-se à subordinação a vida daqueles que, segundo esse espaço de representação, não sabem o suficiente ou não sabem o que é preciso saber. Kant mostra a face sombria do *sapere aude* em uma parte menos citada de seu ensaio: «Raciocinem o quanto quiserem e sobretudo o que quiserem, mas não deixem de obedecer».[4] A obediência dos ignorantes e de todos nós como partes de um sistema que não pode deixar de funcionar é a condição que contém o mais famoso lema do pensamento emancipador.

O acesso ao conhecimento se transforma na nova condição para a existência social e política, para a entrada de pleno direito na sociedade. Aqueles que não têm estudo começam a ser os novos desfavorecidos e excluídos. O título acadêmico vai substituindo o título aristocrático, ainda que os privilégios cognitivos também sejam transferidos por meio dos contextos de nascimento. Estamos no século XVIII, mas a sociedade do conhecimento já está em curso. É possível imaginar que essa relação com o conhecimento será igualitária? A ideologia do progresso dirá que a tendência é que sim, daí a defesa de uma educação universal obrigatória e pública. Essa aspiração será captada depois pelos movimentos pedagógicos emancipadores e revolucionários. Mas já Frederico II da Prússia, o soberano de referência do Iluminismo, fazendo um exercício de realismo apontava em uma carta a D'Alembert nessa mesma época que, desconsiderando os camponeses, os artesãos e as mulheres que não tiveram acesso à educação dos que, sim, a

---
4   Ibid., p. 90.

6. Atreva-se a não saber

tiveram, «constatamos quantos idiotas, quantas almas pusilânimes, quantos libertinos [existem], e desse cálculo resultará que, do que se denomina uma nação civilizada, mal encontraremos mil pessoas instruídas. E, entre elas, ainda, quanta diferença de inteligência!».[5]

No mesmo ano em que Kant escreveu «O que é Esclarecimento?» e proclamou seu *sapere aude!*, Mary Wollstonecraft, futura mãe de Mary Shelley e autora de *Reivindicação dos direitos da mulher*, criou uma escola.[6] Seu objetivo era que as crianças, especialmente as meninas, pudessem pensar por si mesmas. Não era um desejo teórico nem um projeto utópico. Era questão de necessidade, contra a dominação dos pais e maridos sobre as mulheres, assim como das classes altas sobre as classes trabalhadoras. Ela própria, junto com suas irmãs e amigas, estava sofrendo essa dominação patriarcal. Wollstonecraft criou a escola para emancipar a elas mesmas e torná-las independentes. Criar a escola não era, pois, o fruto de uma visão messiânica da educação. Era um ato de autonomia recíproca. Ajuda mútua entre aprendizes, nesse caso mulheres e meninas enfrentando suas respectivas dominações. Enquanto o *sapere aude* ficava famoso em toda a Europa por meio de seus intelectuais e dirigentes mais ilustrados, a escola de Mary Wollstonecraft durou um ano. As suspeitas e a falta de confiança na ideia de pôr em prática esse apelo de uma insubordinação real às relações de poder, íntimas e públicas, da sociedade de seu tempo minaram suas energias e inclusive o vínculo entre as idealizadoras.

---

5 Carta de Frederico II a D'Alembert de 8 de janeiro de 1770. In: Javier de Lucas (ed.), *¿Es conveniente engañar al pueblo? Política y filosofía en la Ilustración*. Madri: Centro de Estudios Constitucionales, 1991 (citado por R. Amayo no volume mencionado).
6 Episódio explicado na biografia escrita por Charlotte Gordon, *Mary Wollstonecraft. Mary Shelley*. Barcelona: Circe, 2018.

A emancipação das Wollstonecraft não era algo dito, mas sim feito, e isso é o que fazia de sua proposta educacional uma aposta crível e por isso mesmo perigosa.

Como já observamos, pensar por si mesmo e com os outros não é a execução mais ou menos aperfeiçoada de uma faculdade mental alimentada pelo conhecimento legitimado, mas sim a possibilidade de estabelecer uma relação consciente, de ida e volta, com o mundo. Não é um procedimento meramente intelectual, mas sim um equilíbrio precário entre diversas capacidades. Conquistar a autonomia é poder sustentar-se nesse equilíbrio precário, é um ato de interdependência e de reciprocidade que entra em conflito com as próprias estruturas da sociedade. Não é algo que se limita a associar a emancipação ao conhecimento, mas que abre, a partir da ação, a pergunta-chave: quem pode saber? Quem são os excluídos do saber legitimado? E o que acontece quando aqueles a quem esse saber é vetado se dispõem a aprender? Como a subjetividade política muda quando os ignorantes se transformam por conta própria em aprendizes?

Aprender a aprender

Centrar a potência emancipadora da educação apenas no acesso ao conhecimento pode desembocar, como acabamos de ver, numa posição excludente e opressora. Exclui os saberes que não estão legitimados para o sistema acadêmico e cultural. E oprime aqueles e aquelas que, por motivos culturais, de classe, gênero, raça ou trajetória pessoal, nunca sabem o suficiente para poderem se afirmar. A partir da pergunta pelo saber, o mundo pode aparecer dividido entre os que sabem e os que não sabem. O que acontece, em contrapartida, enquanto aprendemos? Quem é quem nas relações de aprendizado? Esse deslocamento parece esvaziar o conhecimento de suas hierarquias. Mas, como veremos, também acaba criando novas formas de servidão.

A pedagogia do aprendizado não utiliza o lema «Atreva-se a saber!», mas sim uma instrução muito simples e aparentemente mais modesta: *aprenda a aprender*. Essa instrução é hoje o pilar de todo o sistema educacional. Dentro de um sistema educacional baseado em competências, aprender a aprender é uma competência-chave mensurável, talvez a mais fundamental e valorizada de todas, a ponto de ser utilizada com frequência como sinônimo ou como definição da própria ideia de educação. Formar-se é aprender a aprender: isso pode ser repetido por qualquer pessoa que lide atualmente com o sistema educacional ou inclusive com determinados ambientes de formação profissional ou empresarial. Para quem não está familiarizado com a linguagem pedagógica atual, em contrapartida, a expressão *aprender a aprender* pode soar como uma obviedade. É uma tautologia que expressa, em forma de círculo, a condição de todo saber autônomo: poder pensar ou pôr em prática por conta própria, para além da passividade executora de instruções. Como uma obviedade como essa consegue atingir tal nível de relevância e se tornar a peça-chave do sistema educacional, dentro e fora da escola? E quais são as consequências disso?

A ideia de aprender a aprender vem de Gregory Bateson e de seus trabalhos sobre a ecologia da mente.[7] Bateson estabelece uma distinção entre diferentes

---
7 Gregory Bateson, *Pasos hacia una ecología de la mente*. Buenos Aires: Lohlé-Lumen, 1998.

níveis de aprendizado, que não seria uma hierarquia de conteúdos, mas uma distinção entre ordens ou níveis de repercussão. Aplicando a teoria dos tipos lógicos de Bertrand Russell, Bateson mostra que no aprendizado há diferentes níveis de envolvimento que não se somam nem simplesmente aumentam o conhecimento disponível, mas atuam reciprocamente entre si e transformam seu funcionamento. Chegar a essa compreensão profunda dos contextos e padrões de aprendizado é o que, para Bateson, pode permitir que nos perguntemos como pensamos o que pensamos e curar as patologias da cultura e suas «clausuras» epistemológicas e linguísticas, ampliando as atitudes de vida e os campos perceptivos, em continuidade com a natureza. Conseguir pensar por si mesmo não seria, então, o objetivo final da emancipação, mas sim uma prática constante de transformação. Esse deslocamento pedagógico radicaliza a ideia de emancipação para além daqueles que monopolizam o conhecimento legitimado. Pôr o foco num aprendizado capaz de transgredir seus próprios limites torna visíveis e, portanto, questionáveis os contextos e padrões do próprio sistema de aprendizado. Liberta-o, dessa forma, das epistemologias fechadas e de seus «senhores» e abre a prática concreta do conhecimento para sua constante transformação.

Curiosamente, essa posição crítica acabou se tornando a base ideológica de certas propostas muito acríticas, que orientam suas abordagens e suas receitas metodológicas com base nos parâmetros da gestão eficaz do comportamento. Se consultarmos os documentos nos quais se formalizam os parâmetros da competência «aprender a aprender», encontraremos formulações que reafirmam essa orientação. Vamos à página do Ministério da Educação espanhol, por exemplo. Diz o seguinte:

> Fundamental para o aprendizado permanente que se produz ao longo da vida e que ocorre nos diferentes contextos formais, não formais e informais. Quanto à organização e à gestão do aprendizado, supõe a habilidade para iniciar, organizar e persistir no aprendizado. A competência para aprender a aprender (CPAA) requer o conhecimento e o controle dos próprios processos de aprendizado para ajustá-los aos tempos e às exigências das tarefas e atividades que conduzem ao aprendizado. A competência de aprender a aprender desemboca num aprendizado cada vez mais eficaz e autônomo.[8]

Esse parágrafo reúne quase todos os elementos da recondução do sentido do aprender a aprender para a gestão do comportamento. Com base nessa abordagem, aprender a aprender tem a ver com a organização e a gestão do aprendizado em qualquer contexto e sempre com o mesmo critério: executar os procedimentos mais eficazes e adaptáveis a todo tipo de tarefas e requerimentos. Isso implica saber identificar e controlar processos, ajustar seus tempos e assegurar sua persistência. O critério é o de êxito e eficácia do processo, em função de condições e potencialidades que é preciso saber avaliar. A ideia de autonomia se traduz na capacidade de êxito em um ambiente em transformação. É, portanto, uma virtude adaptativa que combina aspectos táticos, estratégicos e motivacionais.

A Comissão Europeia define a competência com

---

[8] Disponível em: http://www.educacionyfp.gob.es/educacion/mc/lomce/el-curriculo/curriculo-primaria-eso-bachillerato/competencias-clave/aprende.html.

palavras muito similares: «Capacidade para prosseguir e persistir e organizar o próprio aprendizado, o que leva à realização de um controle eficaz do tempo e da informação, individual e coletivamente».[9] E encontramos essas mesmas palavras em todo tipo de documento que, tanto a partir da administração pública quanto da iniciativa privada, está promovendo essa ideia e incluindo-a no centro da vida educacional, em qualquer de seus âmbitos e níveis. A quem se dirigem todos esses discursos e práticas? A um sujeito autônomo entendido como um sujeito prático que enfrenta problemas a serem resolvidos num ambiente competitivo. Essa é a análise feita por Alain Ehrenberg em seu estudo *A mecânica das paixões*, no qual mostra a genealogia desse redirecionamento da existência a um conjunto de comportamentos que podem ser submetidos a diferentes estratégias de controle e de autorregulação. Com base nessa concepção do humano, que está enraizada no empirismo inglês do século XVII, o indivíduo é entendido como alguém capaz de determinados comportamentos, com suas particularidades, suas deficiências e seu potencial oculto. O objetivo é: como extrair o máximo de rendimento dessa singularidade que é cada um? Como aumentar seu valor desenvolvendo suas capacidades? E como fazer isso num ambiente cada vez mais incerto e em constante transformação? A guerra de cérebros captura o sentido emancipador do aprendizado e anula a subjetividade do aprendiz, ao reduzi-lo a uma relação flexível entre comportamentos mais ou menos eficazes.

Nessa perspectiva, o indivíduo capaz não é

---

9 Posição do Parlamento Europeu adotada em primeira leitura em 26 de setembro de 2006 com vistas à adoção de uma Recomendação do Parlamento Europeu e do Conselho sobre as competências-chave para o aprendizado permanente, EP-PE _ TC1-COD(2005)0221.

o que tem mais força ou objetivos mais claros, mas sim um cérebro mais adaptável e mais plástico. Não é o mais obediente, mas o que se autorregula melhor. A liberdade se torna mais eficaz quando se desenvolve por meio de técnicas de autocontrole. «A autorregulação é o caminho para se realizar de modo eficaz em função dos próprios objetivos pessoais.»[10] Assim, o impulso emancipador do aprendizado fica reduzido a uma técnica competitiva que restringe o sentido da liberdade ao exercício de uma servidão adaptativa. Se a autonomia entendida a partir do acesso à esfera pública por meio do conhecimento desembocava na necessidade de autolegitimação perante os que sabem, a autonomia entendida a partir da gestão do aprendizado conduz ao exercício da liberdade como autorregulação eficaz, baseada no potencial de adaptação a uma realidade incerta e em constante transformação.

Com base nesse paradigma, o aprendiz sempre tem uma margem para ampliar suas capacidades enquanto sua existência não tiver sido declarada supérflua ou residual. Em tempos da *global learning revolution*, segundo a qual «já não importa o que você sabe, mas sim o que você aprende», a pergunta é: «Como podemos maximizar o poder de nosso cérebro a longo prazo? O que significa desenvolver uma ciência do aprendizado?». O mesmo autor dessas ideias, Alex Beard, afirma em *Aprendizes natos*:[11] «Sou a soma total das partes que controlo diretamente». À neurologia da inteligência corresponde uma ciência do aprendizado que hoje está ocupando os departamentos de Pedagogia e Psicologia e que está formatando seus produtos didáticos. Longe de aprender a pensar por si mesmo, o aprendiz é chamado a

---

10 Alain Ehrenberg, op. cit., p. 114.
11 Alex Beard, *Natural Born Learners*. Londres: Weidenfeld and Nicolson, 2018.

melhorar maximizando seu potencial em função das necessidades e oportunidades do mundo que o rodeia. O solucionismo da inteligência conduz ao oportunismo do aprendizado.

Saber não saber

A pedagogia moderna teve medo de si própria. O mesmo sistema político que a impulsionou reconduziu suas consequências à reprodução da ordem, seja por meio da ordenação do conhecimento, seja com o modelo de comportamentos. A potência de seu impulso emancipador foi duplamente submetida. Primeiro, à condição de acesso ao conhecimento legitimado e à esfera pública reconhecida. Depois, aos resultados verificáveis da gestão de um comportamento eficaz. As práticas educativas que não se submetem a essas condições ficam relegadas às margens da Pedagogia crítica ou alternativa.

Atualmente, um dos focos mais acalorados do debate pedagógico é o que opõe conhecimentos a aprendizados, conteúdos a competências, currículos a procedimentos. Na realidade, trata-se de um falso debate. Um aprendizado vazio de conteúdos é um adestramento. E um conhecimento que não desperte a capacidade de interrogá-lo e de ir mais além é uma doutrina, ainda que venha disfarçada de ciência. O que esse debate oculta é a verdadeira questão: até que ponto os conhecimentos que aprendemos nos permitem elaborar consciência e começar a pensar por nós mesmos e com outras pessoas? Essa pergunta abre outro debate, que implica a seleção tanto de conteúdos quanto das maneiras de aprendê-los e relacioná-los. Mas que inclui sobretudo a dimensão que sempre é mais preocupante para os fiadores da ordem: a importância de aprender a não saber.

Saber não é dominar um campo de conhecimento nem controlar o exercício de certas capacidades. Conforme pregam todas as formas de sabedoria, em todos os lugares e todos os tempos, o saber está vivo quando incorpora a consciência do que não sabe. Por outro lado, a dobra da consciência se abre ali onde se separam um dentro e um fora que existiam, onde se encontram e se separam, o que sabemos e o que não sabemos. A consciência não pode ser reduzida nem a um conhecimento catalogável nem a um comportamento verificável. Pensar por si mesmo é uma atividade que parte de uma interrogação nos limites do saber. Para aprender a pensar, portanto, é preciso aprender a não saber. As escolas, universidades e outras instituições sociais dedicadas a transmitir, compartilhar e elaborar conhecimentos deveriam ser as casas do não saber. Alterando a fachada de Platão na Academia, que dizia que quem não soubesse geometria se abstivesse de entrar, todas as escolas deveriam ter um cartaz na porta que dissesse: quem não estiver disposto a não saber, não passe daqui. Os professores tampouco. Só assim saberão de verdade o que sabem.

Isso é o que o sistema da cultura combate desde seus primórdios. A civilização ocidental e hoje globalizada concentrou todos seus esforços na produção e sistematização do conhecimento. Por isso entende a expansão do conhecimento como um combate à ignorância e ao erro. Atualmente, esse combate se apresenta como uma operação para dominar a incerteza e transformar o que sabemos em mais um recurso a ser explorado. Desde a árvore do conhecimento, com todos seus ramos, até as atuais teorias da complexidade, desde os antigos arquivos até as modernas enciclopédias ou as atuais bases de dados, a cultura ocidental se dedicou a produzir conhecimento, a classificá-lo, a explorá-lo e a impô-lo. É uma cultura patrimonialista e acumulativa. A escola e a universidade são concebidas como os templos do saber. Os museus e as bibliotecas, também. Ficamos deslumbrados com o armazenamento, analógico ou digital, e qualquer instituição sonha com sua ampliação. Tem valor o que se pode expandir: os acervos bibliográficos, as salas e as obras de arte, o número de graduações ou pós-graduações oferecidas pelo sistema universitário ou a melhora de posição em qualquer ranking recém-inventado. Por isso podemos dizer que nossa cultura é epistemológica, que se define mais pelo que sabe do que pelo que não sabe. Somos o que sabemos. E, quando nos damos conta de que há muitas coisas que não sabemos, deixamos de saber quem somos. Eu diria que a própria Europa, como referência cultural e política, está nesse ponto. Sentimos angústia ao vermos o que nos falta. Ao nos encontrarmos no lugar aonde não chegamos. Ao estarmos no que não compreendemos. Mas essas são justamente as dimensões imprescindíveis de qualquer aprendizado transformador e crítico, assim como de um saber consciente de seus limites, de sua fragilidade e, portanto, de seu caráter de tentativa.

Com base nessa concepção produtiva e acumulativa do conhecimento, a ignorância só pode ser combatida ou submetida, aniquilada ou rentabilizada. O conhecimento contra a ignorância: poderíamos dizer que esse é o enredo principal de nosso drama. A epistemologia ocidental é o grande artifício dessa dramaturgia, e a história das diferentes artes e ciências é seu desenvolvimento, temporada após temporada. O argumento, no entanto, é sempre o mesmo: avançar e progredir, deslocando a fronteira, como os pioneiros do Oeste americano. Nesse enredo, a ignorância é aquele estado que deve ser corrigido, eliminado ou aproveitado. Ou o inimigo a ser vencido, ou o recurso a ser explorado.

Tradicional, a ignorância foi vista como uma escuridão que tem de ser eliminada pela luz da verdade. Superstição, barbárie, brutalidade, mentira, vida selvagem..., manifestações de vida perigosa das quais somente as formas civilizadas de vida podem nos salvar. Esse esquema binário e baseado numa lógica acumulativa e expansionista esquece dois elementos muito importantes: o primeiro, que o que ignoramos está repleto de outros saberes e de outras formas de vida possíveis. O segundo, que tudo o que acreditamos saber está carregado de muitas ignorâncias (preconceitos, segredos, interesses ocultos etc.). Por isso, o conhecimento e a ignorância não são uma dicotomia, mas sim uma polaridade em tensão. Sua relação não tem de ser de combate, mas de aliança geradora. A luz e a sombra não se opõem; necessitam uma da outra. Inclusive os filósofos do Iluminismo sabiam disso. Sabiam que a luz da razão arrastava muita escuridão e projetava sombras profundas.

Na sociedade da informação, a ignorância adquiriu uma nova condição: já não é uma escuridão exterior, virgem ou selvagem, mas sim um recurso que pode ser produzido por conveniência. Nesse sentido, a ignorância interessa, e muito. Prova disso é o interesse acadêmico pela agnotologia (estudo da produção social e estratégica da ignorância) ou o interesse midiático pela pós-verdade e pelas *fake news*... Cada vez temos mais consciência, como indivíduos e como coletividades, de que as coisas que não sabemos são maioria. A ciência contemporânea nos mostra a imensidão do que não sabemos. A tecnologia atual nos oferece ferramentas cada vez mais potentes (celulares, computadores, motores etc.), mas que cada vez são mais difíceis de entender. São caixas-pretas que nos dão um poder escravo em relação ao que não entendemos. Além disso, com a inflação da esfera midiática, ter informação não mais equivale a saber o que acontece. Finalmente, as crises (ambiental, política, cultural, humanitária...) nos conduzem a uma nova experiência do limite que afeta a civilização tal como a conhecemos. Todos esses fatores confluem na sensação generalizada de que nos encaminhamos em direção a um futuro do qual não sabemos nada e que se parecerá muito pouco com as imagens de progresso que estamos deixando para trás.

A ignorância deixou de ser considerada um fato natural. É uma condição produzida socialmente, que aumenta e que pode ser estrategicamente utilizada em condições de aumento da complexidade e da incerteza. Por isso mesmo, as formas que a ignorância assume em cada lugar e em cada momento traçam um mapa social e político no qual se pode intervir. O especialista em paradigmas da incerteza Michael J. Smithson já perguntava nos anos 1980: «O conhecimento é socialmente construído. Faria sentido dizer que o que passa por ignorância também é socialmente construído e negociado?».[12] Se a ignorância não é um fato natural e, nas circunstâncias atuais, aumenta sob diferentes formas, está claro que também pode ser produzida de maneira tática e com finalidades deliberadas. Foi isso que o historiador da ciência Robert Proctor, junto

---

[12] Michael J. Smithson, *Ignorance and Uncertainty. Emerging Paradigms.* Nova York: Springer, 1988, p. VII.

com outros pesquisadores, estudou sob o nome de agnotologia.[13] Se a epistemologia é o estudo de como se produzem o conhecimento, suas formas e sua validade, a agnotologia é o estudo das formas da ignorância, suas causas e consequências. Baseando-se em casos tão flagrantes como o da indústria do tabaco, a agnotologia propõe um marco analítico e crítico a partir do qual analisar os diferentes modos nos quais se pode utilizar o conhecimento, também o científico, para produzir ignorância deliberada: segredos comerciais, segredo militar, mas sobretudo criação de controvérsias, dúvidas e debates que, aparentemente abertos e públicos, só fazem impedir que tenhamos critérios para avaliar determinadas questões e tomar decisões a respeito.

Em sociedades midiáticas nas quais a informação circula com rapidez, nenhum segredo é forte o bastante para garantir nada. É melhor confundir e semear dúvidas e suspeitas, de modo que ao final seja o próprio sujeito quem se iniba ou acabe aderindo à posição que lhe pareça mais fácil. As *fake news* funcionam dentro desse paradigma, em que a ignorância é algo produzido, mantido e manipulado por meio de determinadas artes e ciências. Casos como esses começam a se tornar evidentes para os clientes e consumidores que somos de uma sociedade midiática, baseada na gestão e no domínio da informação. Mas o que não é tão evidente é nos perguntarmos: se a ignorância é socialmente produzida, como o sistema educacional colabora com essa produção? Sobre quais esquecimentos, opacidades e perspectivas enviesadas funciona o que se apresenta inocentemente como a iniciação ao aprendizado e ao conhecimento?

---

13 Robert Proctor, *Agnotology: The Making and Unmaking of Ignorance*. Stanford: Stanford University Press, 2008.

Acolher a desproporção

Todo conhecimento projeta uma sombra que pode ser utilizada para alimentar os medos e, portanto, o poder que os monopoliza. Elaborar a consciência, como vimos, não consiste em desenvolver uma operação de domínio por meio da potência da inteligência. Uma inteligência que quer controlar tudo é frágil, tal como é cega uma ciência que quer ver tudo. O aprendiz sempre está numa relação de desproporção no que diz respeito a tudo o que ele poderia saber ou aprender. A experiência contemporânea do mundo é aquela em que sempre nos falta ou nos sobra informação. Por isso é tão importante saber como não saber. Aprender é acolher a desproporção.

Em 1440 o filósofo Nicolau de Cusa publicou um livro cujo título é mais conhecido que seu conteúdo: *A douta ignorância*. Ou seja, a ignorância sábia ou o saber ignorante. Para alguns ele é o pai da filosofia alemã e um predecessor de Kant, mas essas leituras retrospectivas sempre buscam linearidades e legitimidades que justificam o que buscam em vez de escutar o que ficou por ser pensado. Entre outras coisas, a Nicolau de Cusa devemos, nós míopes, o fato de podermos sair de casa, já que foi ele quem, em 1451, propôs o uso de lentes côncavas para corrigir a visão de longe. Graças a ele, portanto, nós de visão curta podemos transitar pelo mundo, coisa muito importante ao nos relacionarmos com nossa própria ignorância. Nesse livro, Nicolau de Cusa diz que, para nos aproximarmos da verdade, precisamos aprender a experimentar a desproporção. A linguagem da desproporção, que é a da razão, pode relacionar medidas, comparativamente, a partir daquelas de que já dispõe e ampliá-las. Essa é a tarefa ilimitada mas finita do entendimento, e por isso a razão avança, de forma acumulativa, deslocando a fronteira. Cria uma imagem do mundo que nunca é total, mas onde tudo se pode relacionar.

No entanto, há outra dimensão que não podemos esquecer: o incompreensível sempre acompanha essa experiência expansiva do conhecimento, nunca se descola dela. A verdade exata é incompreensível. Para explicar isso, Nicolau de Cusa utiliza uma imagem muito bonita: o entendimento se dirige para a verdade como o polígono para o círculo.[14] Sua não coincidência, por mais que se aproximem, é o abismo do que não entendemos, o infinito que nossa finitude não pode conquistar. Podemos deslocar a fronteira tanto quanto quisermos, mas não podemos transpor o abismo. Menos ainda conquistá-lo, explorá-lo ou gerenciá-lo. O abismo vai conosco, colado à nossa pele. Para Nicolau de Cusa, esse abismo é a manifestação de Deus ou do absoluto. Mas também podemos ficar com o outro lado da mesma ideia e afirmar que a verdade última é esse desencaixe entre nós e o mundo, entre o que podemos conhecer, medida por medida, e o próprio fato de poder fazer isso. A partir dessa tensão viva entre o conhecimento e o incompreensível que o acompanha, o entendimento sabe que não sabe, sem deixar de ter conhecimentos úteis, concretos e vivos. Sua ignorância é sábia, assim como seu conhecimento. Sabe que não pode tudo, porque o todo não é uma medida. O totalitarismo não é uma relação, é o domínio sobre toda relação.

Elaborar a consciência consiste então em aprender a medida na desmedida. Libertar qualquer forma

---

14 Nicolau de Cusa, *La docta ignorância*. Trad. espanhol Manuel Fuentes Benot. Buenos Aires: Aguilar, 1973, p. 16 (edição digital). [Ed. bras.: Nicolau de Cusa, *A douta ignorância*. Trad. Reinholdo Ullmann. Porto Alegre: EdiPUCRS, 2002.]

de vida da imposição de um princípio único, porque isso nos torna conscientes de que nenhum cálculo e nenhuma imagem do mundo jamais se atrelam a um ponto de vista único. Acolher a ignorância de maneira sábia é acolher a desproporção de qualquer verdade, sem submetê-la nem agredi-la.

Referir-se hoje a Nicolau de Cusa pode parecer muito distante. Mas a professora de uma turma de educação infantil acolhe a desproporção todo dia. Não precisa deixar Deus entrar pela janela nem desenhar círculos e polígonos para entender o que significa acolher a desproporção. A desproporção está presente entre cada vida que chega ao mundo e o restante das existências. Cada vida encarna a singularidade de um ponto de vista irredutível a qualquer outro. A não coincidência desses pontos de vista não é totalizável a partir de nenhum outro ponto de vista superior. Juntos, articulam uma situação que nenhum deles domina. E sabe muito bem disso qualquer pessoa que tenha feito de seu ofício um exercício de recepção permanente.

Abrir todo dia a porta de uma sala de aula é acolher a desproporção e aprender a viver com ela. Ensinar as primeiras letras, aprender a utilizar as peças de um jogo ou escutar uma história, também. À medida que avançamos em nossa formação, sobretudo se ela nos promete posições de poder, vamos esquecendo a desproporção que acompanha cada um desses gestos e que nos vincula. Vamos caindo na armadilha do conhecimento expansivo e acumulativo. O medo do abismo é curado com sonhos de poder que constroem fronteiras sobre o nada. Chegamos, inclusive, a acreditar na calculabilidade do todo e em sua gestão eficaz, como fez nossa civilização, e continua fazendo hoje, com o sonho do algoritmo total. Com base na filosofia de Nicolau de Cusa, podemos dizer que esse esquecimento é a prisão do entendimento em sua finitude onipotente, da razão que esqueceu que não sabe. Como veremos, todas as formas de servidão se articulam em cima da construção desse esquecimento. Uma educação que não queira colaborar com a servidão nem legitimá-la é justamente aquela que mantém aberta a desproporção entre o conhecimento e a ignorância. Essa é a chave da educação como arte da existência e como construtora de uma consciência capaz de pensar por si mesma.

7. Servidão adaptativa

«Já me haviam dito que a senhora quer que seja pessoal.» «O quê?», pergunto-lhe. «O trabalho.» Quem me responde é um estudante de Filosofia que tem trinta anos. Veio à minha sala na universidade para comentar o tema do trabalho final. Suas palavras me perturbam. A seus olhos, meu convite a pensar de maneira pessoal uma questão filosófica se transforma numa ordem à qual se deve obedecer. Eu poderia pedir outra coisa a eles e não haveria problema. O pensamento livre se apresenta como uma modalidade entre outras. A autonomia se torna uma forma de subordinação. Como é possível que aprender a liberdade seja uma forma de obediência? Com o tempo, essa cena vivida há anos me veio à mente muitas vezes. Nela se concentra o paradoxo da liberdade em suas duas vertentes: por um lado, que para chegar a pensar livremente é preciso atravessar algumas obrigações, inclusive a obrigação de fazê-lo. No caso da educação, nas sociedades modernas ela é um direito fundamental que se adquire a partir da obrigação de ir à escola. Por outro lado, essa cena expressa também a versão mais perversa dessa relação entre obediência e liberdade: o estudante adapta sua vontade à minha, fazendo de seu trabalho livre um comportamento obediente. E eu? A quem estou obedecendo?

Se queremos entender o vínculo entre obediência e liberdade na relação educacional, é preciso ir além da contraposição entre a professora e o estudante nessa cena e nos perguntarmos: e se ambos estivéssemos obedecendo a um mesmo regime de servidão, cada um a partir de seu papel? As palavras do estudante funcionam então como um espelho revelador: no capitalismo cognitivo, todos nos adaptamos a suas pautas, contanto que possamos viver essa adaptação como uma forma de liberdade. No caso da referida cena, eu estaria transmitindo justamente esse lema; e o estudante, aceitando-o. Suas palavras são a interferência que por um momento revelam as regras do jogo que normalmente não são mencionadas. São as normas que fazem funcionar a servidão adaptativa.

Diante do estudante e da professora envolvidos nesse diálogo, o aprendiz perguntaria: até onde estamos dispostos a obedecer, tanto no caso dele quanto no dela, às pautas que nos permitem continuar existindo? E o que significaria não fazer isso? A educação emancipadora manteve o olhar sobre o aluno ou o menor como um objeto a ser libertado no caminho que vai da dependência à autonomia. Na escola dos aprendizes, o olhar é outro: apenas com base na aliança daqueles que dependem uns dos outros (estudantes e professores, menores e tutores, gerações diversas etc.) podemos compreender as opressões que nos atravessam e trabalhar para transformá-las. Como pensar uma aliança que torna iguais os desiguais?

A raiz nebulosa da servidão

Nascemos dependentes. Mas como nos tornamos servis? A obediência natural que vincula as criaturas a seus progenitores, ou os mais imaturos a seus tutores, como se transforma numa relação social de servidão? Já se disse com frequência que na escola o que se aprende, sobretudo, é a obedecer. Basicamente, aprende-se a madrugar e a fazer as coisas em troca de uma recompensa (a nota, o reconhecimento..., posteriormente, o salário). Mas, para além da mecânica da obediência, que nos permite sobreviver, como a servidão é aprendida, se é que realmente a aprendemos? Poderíamos dizer que, se a obediência é um fato, a servidão é uma condição. A primeira é objetiva, obedece-se ou não se obedece a uma determinada ordem, inclusive se discordamos dela ou somos contrários a ela. A segunda é subjetiva: é uma disposição de submissão do sujeito (termo que em inglês também quer dizer «súdito») àquele indivíduo ou àquela instituição de que a ordem parte. A obediência se baseia no que se faz; a servidão, no que se dá.

«Como a vontade de servir pode arraigar-se a tal ponto que o amor pela liberdade tenha deixado de ser natural?»...[1] São palavras de Étienne de La Boétie. Bordeaux, França, século XVI. Foi justamente esse jovem francês quem soube explicar muito bem esta condição da servidão: é aquilo que existe apenas sobre a base do que se dá. «No entanto, se não lhes déssemos nada nem lhes obedecêssemos, sem combatê-los nem atacá-los, nós os deixaríamos nus e derrotados, e não seriam mais nada.»[2] Intui o giro que definirá as sociedades modernas: a passagem da obediência orgânica, condicionada pela linhagem, pela comunidade de subsistência ou pela lei divina, à obediência livre, baseada no livre consentimento dos indivíduos. Ele vai defini-la como a *servidão voluntária*, com uma expressão que se consagrou ao longo dos séculos. O consentimento é a base do contrato social. Mas La Boétie vai até

---
[1] Étienne de La Boétie, *Discurso de la servidumbre voluntaria*. Barcelona: Virus, 2006, p. 55. [Ed. bras.: Étienne de La Boétie, *Discurso sobre a servidão voluntária*. Trad. André Gonçalves Fernandes. Campinas: Vide, 2021.]
[2] Ibid., p. 51.

7. Servidão adaptativa

a raiz mais sombria desse vínculo e pergunta: como se criam as condições para o consentimento? E como o livre consentimento pode ser ao mesmo tempo o alimento da tirania? Podemos nos fazer a mesma pergunta atualmente. A tirania pode assumir a forma de rei, de máquina estatal impessoal, de racionalidade econômica ou de burocracia do *management*..., mas no decorrer dos séculos e da evolução das sociedades até o neoliberalismo global a pergunta se mantém. O que possibilita a adesão às formas de opressão de cada época?

Muito antes da famosa tese de Foucault de que o poder não é passível de ser explicado apenas como uma força coercitiva e repressora, La Boétie já o explicava nos seguintes termos:

> No entanto, aquele que vos domina tanto só tem dois olhos, duas mãos e um corpo, tudo o que compõe até o último dos homens que habitam o número infinito de nossas cidades, além das vantagens que lhe proporcionais para destruir-vos. De onde tirou tantos olhos para vos espiar se não os colocais a serviço dele? Como tem tantas mãos para golpear-vos se não as toma de vós? Os pés com que percorre vossas cidades, por acaso não são também os vossos? Como chegaria a ter algum poder sobre vós se não fosse por vós mesmos? Como ousaria atacar-vos se não contasse com vosso consentimento?[3]

Por conseguinte, não há força que possa assegurar por si mesma o poder nem do rei, nem do pai, nem do professor, nem de nenhuma de suas respectivas ordens ou leis. Como se forja, então, a conivência a que La Boétie se refere? Não é

---
3 Ibid., p. 54.

Escola de aprendizes   138

essa a pergunta mais nebulosa da educação, aquela que mais nos incomoda?

Atualmente, dispomos de um leque muito amplo e sofisticado de experimentos de psicologia social que explicam os mecanismos da obediência, do consentimento, da servidão e das formas de desejo a eles associadas. Também a partir das posições críticas antiautoritárias foram revelados e combatidos muitos dos procedimentos que sustentam as relações de subordinação. Mas La Boétie já leva adiante uma ideia que faz pensar no que Nietzsche desenvolverá posteriormente e que vai mais além, porque não explica seu mecanismo, mas sim aponta sua razão última, sua raiz mais nebulosa.

O que nos torna servis é a construção de um esquecimento. Não sofremos pelo que nunca tivemos. Somos herdeiros de uma possibilidade apagada, filhos e filhas de uma memória ofuscada pela obviedade da dominação. Sempre foi assim. Quem inventou esse sempre? O que nos torna servis não é a força do tirano, mas a construção de um esquecimento: esquecemos a própria possibilidade de uma liberdade feita dos vínculos entre iguais. La Boétie não projeta um passado mítico nem deriva dele uma lei histórica. Aproxima-se das práticas, das artes e dos modos de fazer que construíram esse esquecimento: fala da criação, do costume, da covardia induzida (atualmente a psicologia utiliza o conceito de «desamparo adquirido»), dos benefícios e dos interesses gerados pela proximidade com o poder... diferentes fenômenos sociais que alteram a percepção do vínculo e suas condições, transformadas em subordinações inevitáveis.

Como se transmite um esquecimento? Um século mais tarde, Espinosa explicará que o que interrompe o caminho do conhecimento verdadeiro é a superstição. A superstição não é um impulso atávico ou incivilizado. Não é o rastro de uma cultura antiga. É um modo sofisticado de desviar o desejo que, enquanto esteve presente, foi transmitido e reproduzido em cada época sob diferentes formas. Para Espinosa, a superstição é a base operacional da dominação, porque submete os afetos e o conhecimento a relações de medo e de esperança, ou seja, a um sentido da finalidade que se entende como um prêmio ou um castigo, um sucesso ou um fracasso. Podemos imputar isso aos deuses, ao azar, à economia ou ao homem em relação a si mesmo. Mas em qualquer dos casos a lógica é idêntica: o poder é atribuído a uma causa que determina todas as relações e seus possíveis resultados.

A superstição é a estrutura invertida do desejo. Qualquer ação e qualquer vínculo ficam submetidos a essa causa superior e a suas intenções. Dizíamos que a existência é poder ser e que esse poder ser precisa ser acolhido para se desenvolver e elaborar uma consciência de si mesmo. O medo e a esperança, do ponto de vista espinosano, seriam as estruturas que submetem o poder ser ao horizonte de uma finalidade imposta e sancionável. Desse ponto de vista, a servidão não consiste em ser um fracassado ou um perdedor, mas em estar dominado pelo código do sucesso ou do fracasso. Nesse sentido, as narrativas de sucesso são sempre servis, ainda que pareçam dominar seu destino e inclusive o dos demais.

A servidão é uma textura em que se combinam muitos textos, o dos vencidos e o dos vencedores, o dos oprimidos e o dos opressores, o dos que se aferram às suas expectativas e o dos que, sabendo-se já resíduos, perderam todas elas. Como dizia e praticava Paulo Freire, aprender a ler não é aprender as letras, mas aprender a dizer as próprias opressões para mudar a posição no mundo. As estruturas da servidão se transformam com o tempo, modificam suas formas, suas artes e suas maneiras de fazer, mas não sua lógica, que é a da construção de um esquecimento compartilhado. Apenas esse esquecimento possibilita que consideremos óbvia, natural ou inevitável a construção de formas de autoridade.

A construção da autoridade

Os professores perderam autoridade? Os pais perderam autoridade? Certamente. Mas o aprendiz poderia perguntar-se: será que esse é o verdadeiro problema? E acrescentaria: ainda que as figuras tradicionais de autoridade tenham se desvanecido, devemos pensar que por causa disso não mais existem estruturas de autoridade? A figura do pai, do professor, do patrão e do soberano se evapora. Já não encarna a lei nem parece poder impô-la. Sua presença está mais para um resto, uma imagem vazia e cada vez mais patética que se lamenta do fato de estar igualmente sujeita aos caprichos das leis, das normas e dos procedimentos.

Esse cenário de figuras do poder espectrais e evaporadas criou a ilusão neoliberal de um sistema em que «ninguém manda e todos obedecem». A famosa frase de *O contrato social*, de Rousseau, parece descrever com perfeição o sistema de relações políticas e sociais das sociedades contemporâneas, mas o faz de maneira perversa. É um sistema de dominação não percebida, no qual todo mundo se sente oprimido de alguma forma, mas sem saber exatamente por quem. Se ninguém manda, de onde surge a estrutura autoritária a que todos obedecem?

As análises sobre o capitalismo atual, como sistema de vida muito mais profundo que um determinado dogma econômico, apontam sempre para a ideia de que o poder, no neoliberalismo, é um procedimento. Um procedimento que dá forma às subjetividades íntimas e políticas e que impregna, portanto, o que desde o início deste livro chamamos de artes e maneiras de fazer. A autoridade não é exercida por meio do *quê*, mas sim do *como*. Embora nestes últimos tempos estejam aparecendo novos limites e confrontos, as sociedades ocidentais basearam num pacto duplo sua relativa paz das últimas décadas: em nível social, o *new deal* consistia em paz social em troca de distribuição da riqueza (pela via do salário, dos direitos e do Estado do bem-estar). Também poderíamos falar, assim, de um *new deal* cultural que consistiria em liberdade de expressão (de culto, de opinião, acadêmica etc.), em troca de padronizar os canais institucionais e os protocolos de funcionamento.

No atual âmbito acadêmico e educacional, essa situação é evidente: há correntes pedagógicas diversas, conteúdos e currículos compatíveis com diferentes projetos educativos e, até certo ponto, diversidade de ideologias, valores e propostas. Mas tudo funciona com base nos mesmos requisitos em termos burocráticos, de avaliação de resultados e de sua tradução em parâmetros de financiamento e de viabilidade. As novas autoridades são a austeridade, a avaliação e a burocracia.

O pedagogo americano Noah de Lissovoy analisa a relação intrínseca entre esses três termos, como uma matriz de poder que se implementa sobre o conjunto da sociedade, mas que se ensaia, de maneira prioritária, no âmbito educacional. Assim, a austeridade não é uma doutrina contábil para tempos de crise, mas sim uma matriz que organiza tanto as políticas públicas quanto sua legitimidade em função de uma ameaça sempre possível: o corte de orçamentos ou o acesso a menos financiamento. Isso depende do quê? Evidentemente, dos resultados que podem ser apresentados à autoridade administrativa correspondente, seja a administração pública, o sistema de crédito bancário, os patrocínios privados ou as bolsas de financiamento. Os resultados podem ser resultados acadêmicos, índices de produtividade ou de impacto, contas de resultados... O importante é que possam ser quantificados a partir de indicadores que os abstraiam de seus contextos reais. Isso é o que está ocorrendo atualmente entre escolas, entre rankings universitários, entre disciplinas que não têm nada em comum entre si, mas que precisam ser mensuradas igualmente. Na melhor das hipóteses, é possível implementar ações corretivas ou atenuantes para os mais desfavorecidos a partir da criação de categorias específicas, sejam determinados grupos sociais, sejam determinados âmbitos do conhecimento. Dessa forma ficam estigmatizados como os pobres da família dentro da grande corrida pelo sucesso. De Lissovoy fala de uma «pedagogia da austeridade»,[4] que, longe de ser uma pedagogia *povera*, é aquela que funciona com base na ameaça da marginalização no jogo da riqueza sempre crescente, mas sempre escassa. Nessa pedagogia da austeridade, o castigo já não é aquilo que o professor pode infligir sobre o aluno,

---

[4] Noah de Lissovoy, *Education, Emancipation in the Neoliberal Era*. Nova York: Palgrave Macmillan, 2015, p. 12.

7. Servidão adaptativa

mas sim a ameaça do gerente do sistema sobre ambos, já que se não colaboram são penalizados em conjunto. O mesmo ocorre no sistema das instituições culturais, no sistema médico ou entre as entidades sociais.

A combinação entre austeridade e um sistema de prestação de contas baseado na cultura da auditoria e na avaliação permanente de tudo alimenta uma burocracia inflada que impõe seus métodos, linguagem, categorias e tecnologias a todo mundo sem distinção. É uma nova forma de igualitarismo autoritário, em relação ao qual é fácil sentir-se vítima, mas que ao fim e ao cabo nos transforma todos em seus colaboradores. Falamos de burocracia e pensamos em funcionários de escritório vestidos em terno cinza, com pilhas de arquivos de papel, em sistemas totalitários da metade do século xx..., mas a burocracia cresce e se infiltra hoje em todos os âmbitos da vida sob a forma de incontáveis aplicativos e logotipos coloridos, de arquivos anexos e de certificados de assinatura digital, de excels infinitos e de comissões de trabalho nas quais já não se sabe o que se avalia enquanto se puder continuar avaliando algo. Qualquer pessoa que trabalhe em educação ou no mundo da pesquisa acadêmica certamente concordará na hora de apontar seu pior pesadelo: a burocracia. A burocracia do serviço público ou das disciplinas acadêmicas se sobrepõe a uma nova burocracia do *management* e neoliberal. Juntas elas estendem os tentáculos de um monstro que já não é possível distinguir do próprio trabalho e das verdadeiras preocupações. Como explica muito bem De Lissovoy, essa combinação de austeridade, avaliação e burocracia não é só um método. É uma «ideologia da impossibilidade»[5] que, baseando-se na ditadura do

---
5 Ibid., p. 29.

que se reconhece como «resultados», só faz enclausurar a imaginação e trancá-la numa fantasia de sucesso, seja um sucesso alcançado, adiado ou sempre perdido. No mesmo sentido, o antropólogo americano David Graeber, num de seus últimos livros antes de morrer, analisou a burocracia como criadora de «zonas mortas para a imaginação», que organizam a estupidez e a violência estrutural que está na base da sociedade desigual. A burocracia é «uma espécie de guerra contra a imaginação».[6]

Por conseguinte, a autoridade não desapareceu. Foi transferida do ensino para os procedimentos. Nessa passagem, o descrédito social, moral e econômico dos professores de todos os níveis constituiu uma operação deliberada e de efeitos rápidos. É e foi uma operação com muitas frentes: a precarização salarial e institucional impulsionada pela administração pública, a suposta obsolescência tecnológica impulsionada pelas grandes empresas do setor, os ditames de uma inovação unidirecional e pautada por determinados grupos pedagógicos, a acusação de corporativismo sempre a ponto de ser feita...

Diante desse ataque, há vozes que lamentam a perda e que reivindicam restaurar a autoridade dos professores como solução para as diversas crises que afetam a situação atual da educação. Afirmar que os professores precisam recuperar sua autoridade é uma posição que omite como estão funcionando as atuais estruturas da autoridade e que se refugia numa noção nostálgica da autoridade livre de poder ou de efeitos de dominação. É uma ideia que se nutre de posições filosóficas como as dos pensadores alemães Hans-Georg Gadamer e Hannah

---

[6] David Graeber, *The Utopia of Rules*. Londres: Melville House, 2016, p. 82.

Arendt, que responderam ao autoritarismo de sua época distinguindo-o de uma ideia de autoridade baseada no reconhecimento do saber e no vínculo com o passado e com a tradição. «A autoridade brinda ao mundo a permanência e a estabilidade de que os humanos necessitam justamente porque são seres mortais, os seres mais instáveis e triviais que conhecemos. Se a autoridade se perde, o fundamento do mundo também é perdido.»[7] São palavras de Arendt no ensaio «O que é a autoridade?», no qual ataca a confusão entre a tirania e a autoridade, e defende um sistema de obediência em que os homens conservariam sua liberdade a partir do caráter vinculante do passado e da fundamentação de um mundo comum. Tanto para Arendt quanto para Gadamer, a obediência à autoridade é um ato da razão e da liberdade baseado na superioridade do conhecimento.

Mas essa separação entre poder e autoridade é uma idealização das relações humanas. Como lhes replicou Jürgen Habermas, ainda dentro do debate alemão (que não é um debate retórico, dada a proximidade com a experiência do nazismo), «autoridade e conhecimento não convergem»,[8] porque toda autoridade repousa em dois elementos: por um lado, o fundamento de um conhecimento já reconhecido e, portanto, não submetido à reflexão crítica, ou seja, ao prejulgamento e à tradição. Por outro lado, a autoridade sempre implica «a ameaça potencial de sanções e a perspectiva de gratificações».[9] Autoridade é quem sempre pode, em última instância, premiar

---

7 Hannah Arendt, «¿Qué es la autoridad?». In: Hannah Arendt, *Entre el pasado y el futuro*. Barcelona: Península, 1996, p. 105. [Ed. bras.: Hannah Arendt, *Entre o passado e o futuro*. Trad. Mauro W. Barbosa. São Paulo: Perspectiva, 2003.]

8 Jürgen Habermas, *La lógica de las ciencias sociales*. Barcelona: Tecnos, 1988, p. 255. [Ed. bras.: Jürgen Habermas, *A lógica das ciências sociais*. Trad. Marco Antonio Casanova. Petrópolis: Vozes, 2009.]

9 Ibid., p. 255.

ou punir a partir de parâmetros prévios de reconhecimento. É isso que queremos recuperar para a educação?

Como consequência do julgamento contra Eichmann que a mesma Hannah Arendt acompanhou e sobre o qual refletiu em seu polêmico livro *A banalidade do mal*,[10] o psicólogo social Stanley Milgram realizou em 1961 famosos experimentos na Universidade de Yale nos quais pôs à prova o conflito entre a obediência à autoridade (nesse caso, científica) e a própria consciência moral. É possível que a obediência à autoridade anule a consciência, a ponto de poder cometer atos prejudiciais contra outras pessoas, entre eles o assassinato em massa? Como se explica isso? Contra suas próprias expectativas, Milgram constatou que efetivamente, se o mecanismo da autoridade é reconhecido, as pessoas podem agir contra suas convicções de maneira regular e previsível. Não é necessário ameaçá-las nem coagi-las. Se um grupo de pessoas se reconhece como parte de um sistema, o mais raro seria que rompessem seu funcionamento por meio da desobediência.

Portanto, a autoridade não é de quem exerce a força ou de quem é reconhecido por suas qualidades. É aquela pessoa, mecanismo ou instituição a quem se atribui «o poder de definir a situação».[11] Obedecer à autoridade, pois, não significa apenas acatar uma ordem ou seguir uma norma. Significa aceitar a definição da situação e vincular-se a seu sistema de obrigação de tal maneira que a própria ação não seja percebida como realmente

---

10 Hannah Arendt, *Eichmann en Jerusalén: un estudio sobre la banalidad del mal*. Barcelona: Lumen, 1999. [Ed. bras.: Hannah Arendt, *Eichmann em Jerusalém: um relato sobre a banalidade do mal*. Trad. José Rubens Siqueira. São Paulo: Companhia das Letras, 1999.]

11 Stanley Milgram, *Obedience to Authority. An Experimental View*. Nova York: Harper Collins, 2009, p. 94. [Ed. bras.: Stanley Milgram, *Obediência à autoridade: uma visão experimental*. Trad. Luiz Orlando Coutinho Lemos. Rio de Janeiro: Francisco Alves, 1983.]

7. Servidão adaptativa

própria. A conclusão de Milgram é que o problema está na estrutura da autoridade em si, ainda que esta não se comporte de modo autoritário. A obediência servil é o efeito de uma situação na qual o sujeito fica atado a ponto de poder eximir-se da responsabilidade. O que ocorre, então, é que se esquece justamente a possibilidade de ser e de pensar por si mesmo com outros. Essa é a construção do esquecimento que torna possível a servidão e que tem uma raiz mais profunda que a de uma relação meramente psicológica ou interpessoal. É o efeito de uma situação na qual o sentido se constrói de tal maneira que os que se encontram submetidos a ela chegam a esquecer que poderiam interromper seu funcionamento ou mudá-lo. Expressões famosas como «eu só estava cumprindo ordens» não são exclusivas de corpos hierárquicos como a polícia ou o exército. Em outros termos, quando dizemos «as coisas funcionam assim», «isso é o que há» ou «veio para ficar», nós estamos repetindo essas frases e atualizando-as a cada dia, também, sob o regime da servidão adaptativa.

Disrupção e adaptação

O imaginário que temos dos sistemas de autoridade e de obediência, também em instituições como a família ou a escola, é ainda mais antigo e remete ao funcionamento das sociedades disciplinares, baseadas na hierarquia, na rigidez das pautas, na repetição e na normalização como procedimentos fundamentais de construção da docilidade. Muitos desses aspectos não desapareceram, mas se inscrevem numa configuração mais complexa do poder. A combinação da austeridade como ameaça, a avaliação ou a prestação de contas como sistema de controle e a burocracia como filtro delineia um sistema no qual a continuidade se conjuga muito bem, paradoxalmente, com a mudança permanente. Poderíamos dizer que passamos da docilidade produtiva, própria das sociedades industrial e colonial, a uma docilidade disruptiva, na qual o que funciona já não é a linha de montagem ou de comando, mas sim a adaptação constante à mudança e à incerteza como nova forma de obediência.

Foucault descreveu em *Vigiar e punir* os mecanismos do que aqui denominamos docilidade produtiva. No livro ele explica de que maneira, a partir do século XVIII, o soldado não apenas é recrutado, mas também fabricado. Do mesmo modo, o súdito, o trabalhador ou o cidadão se transformam, também, em figuras a serem fabricadas por meio das instituições totais, como a escola, a fábrica ou o exército. Em relação às formas de docilidade anteriores, como a vassalagem ou aquelas praticadas pelas ordens monásticas, a docilidade produtiva tem a peculiaridade de ser «uma arte do corpo humano que não tende apenas a aumentar suas habilidades, nem tampouco a tornar mais pesada sua sujeição, mas sim a estabelecer um vínculo que, no próprio mecanismo, torna-o tanto mais obediente quanto mais útil, e vice-versa».[12] Portanto, trata-se de uma docilidade que não é o efeito passivo do domínio, mas de uma relação de forças paradoxal: «A disciplina aumenta as forças (em termos econômicos e de utilidade) e diminui essas mesmas forças (em termos políticos e de obediência)». Assim, transforma o poder do corpo simultaneamente numa aptidão e numa relação de sujeição. Quanto

---

[12] Michel Foucault, *Vigilar y castigar*. Madri: Siglo XXI, 2009, p. 141. [Ed. bras.: Michel Foucault, *Vigiar e punir*. Trad. Raquel Ramalhete. Petrópolis: Vozes, 2014.]

7. Servidão adaptativa

mais capazes, mais subjugados. A educação obrigatória dos Estados modernos, europeus e coloniais, praticou justamente essa arte da docilidade: capacitar para explorar, educar para submeter melhor.

No capitalismo cognitivo, essa relação se sofistica, mas se mantém: quanto mais informados, mais dominados pela atualidade; quanto mais conectados, mais atados à sociedade de consumo e a seus ritmos; quanto mais formados, mais adaptados e mais crédulos. O acesso ao que chamamos de conhecimento não nos torna mais livres nem mais capazes de participar da vida social criticamente e em igualdade de condições. Como os corpos dóceis de Foucault, nossa mente e nosso cérebro são «submetidos e exercitados»[13] ao mesmo tempo. O que mudou é que o poder político e econômico no capitalismo atual não pretende fixar a ordem nem estabilizá-la. O soberano, seja o dirigente político, o diretor-geral, o gerente ou o pai de família, decide e governa por meio de sua capacidade de monitorar a desordem e de controlá-la mediante um número de dados cada vez maior. A ordem se transforma, assim, num regime de disrupção cotidiana milimetricamente controlado.

Disrupção é a palavra da moda que é mais que uma moda. É um sintoma, um sinal. No campo da pedagogia o termo também triunfou. Criado em 1995 por Clayton M. Christensen na *Harvard Business Magazine*, esse neologismo se refere à virtude da ruptura ou da interrupção brusca no âmbito dos negócios. Se o empresário buscava o crescimento e a prosperidade por meio da inovação, o empreendedor atual busca acabar com o estabelecido para se posicionar. A novidade

---
13   Ibid., p. 142.

não reside no produto ou no serviço, mas sim no campo que torna possível sua irrupção. Por isso precisa gerar caos e confusão, e fazer explodir o pensável para se abrir ao impensado. O acontecimento, sempre único e excepcional, transforma-se no centro operacional da ideologia dos negócios, da política e da cultura. Atualmente, essa ideologia impregna muitos âmbitos da vida. Quais formas de obediência podem corresponder a uma ordem disruptiva?

O Estado moderno, que subordina normalizando, dando paz em troca de obediência, agora se transformou num estado de exceção permanente. As emergências econômicas, climáticas e sanitárias se sobrepõem e adotam uma nova forma de normalidade. As decisões sobre a vida, pessoal e coletiva, com frequência ficam em suspensão e se instalam no irresolúvel. Nos diferentes âmbitos da vida social, também na educação, fazem-se muitas coisas que na realidade não resolvem nada. São a gestão do irresolúvel, que no máximo freia ou adia um problema mais grave. Esse estado de indeterminação, no qual nunca se termina de saber quem decide o quê e até onde, desdobra-se em um *continuum* de ações, normas, procedimentos, exceções... Não há um antes e um depois, mas sim um tempo indistinto sem direção clara. A experiência do confinamento por causa da Covid-19 e as restrições sempre passíveis de alteração que organizam os tempos e os espaços da vida enquanto não houver uma cura ou uma vacina[14] são paradigmáticas desse estado de suspensão hiperativo, prolífico em normas, proibições e declarações que afastam o problema sem resolvê-lo em sua raiz.

---

14 O livro foi escrito em 2020, primeiro ano da pandemia de Covid-19, quando as vacinas contra o novo coronavírus ainda estavam em desenvolvimento. [N. T.]

Com base na ideologia disruptiva, a subjetividade contemporânea se constrói como uma resposta contínua à mudança de contextos. A ação bem-sucedida é a que consegue se adaptar melhor à mudança de situação. Se os contextos estabelecidos estão se rompendo de maneira contínua, a melhor ação é a que se situa nessas rupturas do modo mais acertado possível e que se beneficia delas. Assim, o estado de exceção combina duas lógicas: a da obediência/desobediência e a da adaptação/inadaptação. Numa ordem que se alimenta do caos, um sistema baseado na obediência simples não é suficientemente eficaz. A obediência tradicional precisa de certa estabilidade das normas e um limite reconhecível entre o dentro e o fora do mesmo sistema. Isso implica um exercício do poder baseado num regime claro e previsível de distinções.

Quando o que domina é a disrupção, o que encontramos em troca é uma proliferação de leis e de normas que multiplicam os casos e as possibilidades de desobedecer, inclusive sem saber. A combinação de normas administrativas, penais, cívicas etc. torna muito difícil saber onde começa a desobediência. Por isso não basta obedecer, é preciso adaptar-se permanentemente. Por isso qualquer cidadão é hoje um desobediente em potencial, um suspeito antes de ter realizado qualquer ação ou de ter tomado qualquer decisão, um inadaptado sem ter a vontade de sê-lo. Essa situação de dupla lógica afeta diretamente o sistema educacional e os aprendizados em geral. Não basta ser obediente: o bom aluno, o bom aprendiz do sistema da servidão adaptativa, é o que responde melhor e de maneira mais criativa às exigências de um ambiente imprevisível e em constante transformação. Dito de maneira mais simples: é quem se adapta melhor a circunstâncias que ele não modifica, mas que transforma numa carteira de oportunidades.

Oportunismo, cinismo, medo

O filósofo italiano Paolo Virno escreveu um ensaio que, com o passar do tempo, volta a levantar sua voz ao refletirmos sobre nosso presente. Intitula-se «Ambivalência do desencanto: oportunismo, cinismo, medo».[15] Nesse ensaio, escrito no início da década de 1990, Virno analisa a situação emocional daquele momento ou, como ele diz também, os modos de ser e de sentir o presente. O presente a que se refere é o capitalismo pós-industrial ou pós-fordista no momento de seu desenvolvimento. Ou seja, o período em que se enalteciam as glórias da flexibilização, da desregulação, do trabalho imaterial e da sociedade do conhecimento. Eram tempos de vitória oficial do capitalismo, de despolitização e de estúpida celebração da globalização. Mas, longe do triunfalismo globalizador daquele momento, para Virno o que definia os modos de ser e de sentir o presente já eram então o desencanto, o oportunismo, o cinismo e o medo.

Tal como Virno os analisa, o oportunismo, o cinismo e o medo não são expressões de emoção circunstanciais e puramente psicológicas, mas sim um *ethos* profundo que resulta comum aos mais diversos âmbitos da experiência: ao tempo de trabalho tanto quanto ao de aprendizado, ao tempo de ócio privado tanto quanto à vida pública. O que caracteriza

---

15 Paolo Virno, «Ambivalencia del desencanto: oportunismo, cinismo, miedo». In: Paolo Virno, *Virtuosismo y revolución*. Madri: Traficantes de Sueños, 2003, pp. 45-75. Todas as citações são desse artigo. [Ed. bras.: Paolo Virno, *Virtuosismo e revolução*. Trad. Paulo Andrade Lemos. Rio de Janeiro: Civilização Brasileira, 2008.]

7. Servidão adaptativa

esse *ethos* é que «a agitação produtiva atual se aproveita, como se se tratasse do recurso mais precioso, de tudo o que o esquema da modernização inclui entre seus efeitos: incerteza em relação às expectativas, contingências das colocações, identidades frágeis, valores em transformação». Ou seja: a experiência da incerteza não só é um efeito colateral dos tempos modernos, como podiam constatar Baudelaire e Benjamin, mas também é posta diretamente a trabalhar, isto é, a produzir valor e rentabilidade. Assim, diz Virno, o sistema de produção atual «põe para trabalhar os estados de ânimo e as predisposições geradas pela impossibilidade de qualquer tradição autêntica». Tradição, não como folclore, mas tampouco como autoridade. Virno fala da tradição como continuidade das práticas. E termina essa análise afirmando: «O niilismo, que em algum momento havia estado à sombra da potência técnico-corporativa, torna-se mais tarde um ingrediente fundamental, uma qualidade muita bem avaliada no mercado de trabalho».

A instabilidade estável e o desenraizamento como situações comuns não são, pois, apenas efeitos do sistema de produção capitalista, como também, em sua evolução pós-fordista, passam a ser elementos fundamentais, matéria-prima de seu processo produtivo e da geração de valor. Por quê? Porque o sistema produtivo já não se baseia só na captura de tempo de trabalho, como ocorre na fábrica na produção tradicional, mas também na capacidade de cada um de nós, tanto dentro quanto fora do trabalho, de perceber e captar as melhores possibilidades dentro de um sistema de oportunidades intercambiáveis. São as prisões do possível. Daí a centralidade do oportunismo. «Oportunista é aquele que enfrenta um fluxo de possibilidades intercambiável, mantendo-se disponível para o maior número delas, sujeitando-se à mais próxima e desviando-se depois de uma a outra», escreve Virno.

Daí, também, o medo permanente de não acertar ou de que outro jogue o jogo das possibilidades melhor que você. Daí deriva, também, o consequente cinismo. Cínico é aquele que «renuncia desde o princípio a buscar o fundamento intersubjetivo de sua práxis, assim como a reivindicação de um critério compartilhado de avaliação moral». Evidentemente, o caçador de oportunidades que cada um de nós é, dentro e fora do tempo de trabalho, não pode aceitar outros parâmetros comuns a não ser os de seu sucesso ou fracasso. Não pode entender a vida, portanto, como um problema comum, mas sim como um jogo contra outros e do qual quer sair vencedor. Não é esse o retrato do personagem que dizem que tem de nos levar para além de cada uma das crises que atravessamos e acumulamos? Não é esse o sujeito em direção ao qual se projetam os atuais modelos de educação e de trabalho? Na contingência extrema de uma realidade feita de possibilidades abstratas, só resta perder ou ganhar..., só. Esse personagem, com seu oportunismo, seu cinismo e seu medo, é a atrofia perversa do idealismo moderno da autonomia pessoal. Seja um empreendedor ou um simples trabalhador temporário ameaçado pela irrelevância, somos cada um de nós quando reduzimos a existência a um tabuleiro de oportunidades no qual jogamos para ganhar ou perder.

Se essa maneira de ser e de sentir, como diz Virno, não é uma situação psicológica circunstancial, mas sim um novo *ethos* que afeta todos os âmbitos da vida, significa então que é irreversível e que não há outra possível? A tese que Virno sustenta em seu ensaio é de que é irreversível, mas também ambivalente. O mesmo desenraizamento que alimenta o sistema produtivo atual é também a base, segundo ele, da qual pode partir o êxodo para outras práxis, para outras maneiras de entender a atividade e para a criação de âmbitos de experiência capazes de articular contextos e mundos habitáveis. O êxodo não seria a criação de um mundo novo a partir de uma terra virgem. Aprender a viver juntos não é algo que se faça do zero, nem mesmo quando acabamos de nascer. O que Virno chama de êxodo é a possibilidade que não nega, mas sim desenvolve conflituosamente o *ethos* contemporâneo. Nisso consiste «o êxodo para um lugar habitável, que deve se constituir cada vez com a própria atividade».

Carta aos estudantes

Enfrentar esse *ethos* começa por enfrentarmos a nós mesmos. Por isso, há alguns anos escrevi uma carta a meus alunos de Filosofia. Eu ia e vinha entre Barcelona, onde eu morava, e Saragoça, onde dava aulas na universidade. A rotina da viagem intensificava a sensação de rotina da sala de aula: chegar, entrar, abrir as persianas, começar a aula, sair etc. Já havia três cursos que a crise de 2008 se fazia sentir na universidade pública e na vida interrompida de muitos dos que estudavam nela, assim como na vida precarizada de boa parte do corpo docente. A que obediência respondiam nossos movimentos rotineiros? E por que me faziam sentir uma vergonha estranha e profunda? Numa das viagens de volta no trem, eu lhes dirigi as seguintes palavras:

*Carta a meus estudantes de Filosofia
(e a todos aqueles que têm vergonha de
continuar obedecendo)*

Há tantas coisas a dizer e a pensar sobre as atuais transformações da universidade, que não sei por onde começar. Então decidi fazê-lo pelo mais concreto e pelo mais urgente: vocês. Vocês que estão sentados à minha frente toda terça e quinta às 15h30, enquanto a cidade de vocês parece tranquila e faz a sesta.
Por que vocês vêm? Eu me faço essa pergunta a cada vez que os vejo chegar, um atrás do outro, e sentar silenciosamente, sempre no mesmo lugar, sem que ninguém lhes tenha pedido: nem para voltar, nem para se sentarem no mesmo lugar. O ritual se repete todo dia. Entrar na sala escalonadamente, levantar as persianas, abrir as janelas, enrolar a tela que cobre o quadro-negro, e trocar dois ou três comentários até que me ponho a falar. Eu lhes conto coisas do Oriente, tento virar de ponta-cabeça os preconceitos da filosofia, abro rotas de fuga para o impensável e lhes ofereço caminhos de volta que já não sejam os mesmos, nem nós, tampouco. Proponho debates, leituras em grupo, seminários a partir de suas pesquisas. Vocês me seguem, fazem tudo o que lhes digo: escutar, anotar, comentar as leituras, participar dos debates. Apresentarão um trabalho no dia determinado. Suponho que é disso que se trata e que é isso o que devem fazer, disciplina após disciplina, no horário que dá ritmo à semana e compõe a vida estudantil de vocês. Não foi sempre assim?
Se lhes escrevo e se é urgente, é porque agora já não é sempre. Apesar de entrar na mesma sala de aula, ainda que saibamos o ritual, agora pisamos uma realidade que já não é a mesma e na qual nosso encontro semanal se tornou simplesmente uma extravagância. Estamos fora de lugar,

7. Servidão adaptativa

circulamos fora da pista e certamente nos resta pouco tempo. O que digo não é fruto de uma sugestão apocalíptica nem de um vitimismo contrário ao corte de gastos. É que já faz anos que a universidade navega silenciosamente rumo à sua transformação radical, com um mapa de rota do qual não fazemos parte. Os intelectuais se lamentam, nostálgicos e impotentes. Professores e estudantes conjuram o medo da mudança agindo como se nada acontecesse, obedecendo como autômatos às pautas mortas de uma instituição que já não dará a vocês nada em troca, além de um diploma desvalorizado de um país arruinado onde vocês sobram categoricamente, vocês e 50% dos jovens que não encontram nada o que fazer. Nossa obediência me envergonha.

Só temos duas opções: ou fugimos daqui, como muitos já estão fazendo, ou transformamos nossa extravagância em desafio. Desafio a quê? À racionalidade instrumental e calculista que coloniza nossa vida à medida que avançam os efeitos da espoliação a que estamos submetidos. Estamos sendo expropriados, de bens comuns e de riqueza coletivamente produzida. Mas também estamos sendo expropriados de nós mesmos, de nossos valores, de nossas apostas e convicções. A crise não só nos deixa mais pobres, como também nos torna mais miseráveis. Tenhamos isto claro: o valor, em termos de cálculo, que vocês obterão desta carreira é zero. Mas a riqueza que vocês podem extrair será, se quiserem, inesgotável. O rendimento não depende de vocês. A riqueza, sim.

Nos anos 1960, uma freira e artista americana, Irmã Corita, pendurou algumas regras na Escola de Arte do Immaculate Heart College. Convidava os estudantes a confiar, experimentar, ser disciplinados, buscar bons exemplos a imitar, não desperdiçar nada, alegrar-se e trabalhar, trabalhar e trabalhar. Além disso, ela os convidava a escrever outras regras na semana seguinte. Tentarei agora apontar algumas novas regras para nós, não uma semana depois, mas sim mais de meio século. Convido vocês a pegarem essas regras para as reescreverem quando acharem por bem.

1. Procure o que é importante para você e trate isso como um fim em si mesmo. Tudo o que você instrumentalizar acabará instrumentalizando você.
2. Não desperdice o tempo nem faça ninguém desperdiçá-lo. Trate-o com a máxima consideração, o seu tempo e o de quem compartilhá-lo com você.
3. Não poupe esforços. Guie-se pela máxima exigência que você pode dar, não pelas expectativas que você pode cumprir.
4. Evite distrações inúteis. Não se acomode na «pose» de estressado, «atormentado», superado pelas circunstâncias. É ridícula.
5. Acredite no que faz você viver e, se puder, compartilhe isso com outros.
6. Se você não tem grandes propósitos, busque um pequeno e leve-o até o fim. Você verá como irá muito longe com isso.
7. Esqueça as palavras que se encaixem bem demais no ruído que nos ensurdece e nos anestesia. Procure as que o interrompam, ainda que para isso você precise emudecer.
8. Ganhe conhecimento sem perder as perguntas.
9. Pense como você ganhará a vida. É uma pergunta importante. O dinheiro é cobrado com vida.
10. E, como diz Corita, alegre-se sempre que puder. É mais fácil do que parece.

Entre Saragoça e Barcelona, 29 de novembro de 2012

8. A aliança dos aprendizes

Há um conto da escritora austríaca Ingeborg Bachmann que explica de maneira dura mas contida a tragédia do educador. Nesse caso, trata-se da voz de um pai que confessa o fracasso de sua aspiração a fazer de seu filho, de nome Fipps, um «homem novo». O fracasso vai além da constatação objetiva. Impossibilita-o de sentir amor por ele, inclusive quando o menino morre acidentalmente durante uma excursão. O conto se chama «Tudo», título que contém essa aspiração totalizadora do pai de voltar a começar *tudo* de novo. «Não pretendia que Fipps fosse mais pronto do que nós. Também não pretendia que me amasse: não era preciso que me obedecesse, que fizesse minhas vontades. Não, eu pretendia... Que começasse de novo, que me demonstrasse com um único gesto que ele não era obrigado a seguir nossos gestos.» Fipps podia ser um homem novo, se seu pai conseguisse «deixar-lhe um mundo raso e sem nenhum sentido».[1] Calar o nome das coisas e não lhe ensinar o uso dos objetos. O significado seria libertado assim de seu lastro para poder ser criado de novo. Dessa teoria da linguagem, de base wittgensteiniana, chega também uma mensagem religiosa que conhecemos muito bem: assim o mundo poderia ser redimido pelo menino. Mas o gesto salvador não acontece. O sentido não é interrompido nem recriado. A linguagem é aprendida, e cada uma das maneiras de fazer, repetida, torna a realidade um experimento conhecido. Uma vez lançada ao mundo, o pai não pode amar sua criatura e acaba abandonando-a: outro arquétipo da nossa cultura, desde o

---
[1] Ingeborg Bachmann, «Todo». In: Ingeborg Bachmann, *A los treinta años*. Barcelona: Tres Molins, 2019, pp. 75-102.

Deus Pai até o doutor Frankenstein. O educador nunca pode criar sua obra a partir do zero e tem de inscrevê-la num mundo que ele tampouco pode fazer inteiramente à sua imagem. A consequência é o abandono e a rejeição. A condição que resulta disso é o desamor. O aprendiz fica condenado a demonstrar, uma vez após outra, que merece ser amado e a não poder sê-lo. Longe de qualquer forma de liberdade, fica escravizado à necessidade nunca satisfeita do reconhecimento.

O mito da fabricação

A ficção pedagógica do homem novo ou do primeiro homem é uma expressão do mito da criação que atravessa a cultura ocidental desde Adão até o *Emílio* de Rousseau e que em nossos dias adota a forma da reinvenção permanente de si mesmo. «Reprogramei meu cérebro», como afirmava Barbara Oakley. Quando desaparece a figura de Deus ou do pai, o indivíduo passa a ser o objeto de sua própria criação. Daí a importância assumida por todas as terapias baseadas em cultivar a autoestima. Mas essa ficção pedagógica, com toda a soberba que comporta, é também a base da frustração do educador, que sempre vê sua obra como deficitária e contaminada por esse mundo que ele pretende negar e criar de novo. No livro *Frankenstein educador*, o pedagogo Philippe Meirieu analisa como as diferentes figuras desse mito (Frankenstein, mas também Pigmaleão, o Golem, Pinóquio etc.) estão no centro da pedagogia entendida como a aspiração prática e também científica de construir humanos segundo determinados modelos, valores e expectativas. Ter acesso ao segredo da fabricação é ser uma espécie de deus, mas também é uma ficção que pretende acalmar a inquietude que no fundo causamos uns aos outros. Como escreve Meirieu, as criaturas não se deixam dominar tão facilmente por seus criadores. A extensa literatura que reúne esses mitos ou personagens dá testemunho disso. E não é porque sejam rebeldes por definição, mas porque em última análise não há uma definição única do humano nem uma fórmula única para sua fabricação. A fórmula é que não há fórmula, só inquietude. Formas inacabadas que dão uma acolhida sempre hesitante ao esforço de viver. Por isso Meirieu propõe uma pedagogia frágil, orientada a oferecer ferramentas e a proporcionar condições a fim de que diferentes existências possam ser incorporadas a um meio ou a um mundo comum.

A outra face dessa pedagogia frágil são as utopias educativas, começando pela *República* de Platão. Suas ideias não cabem na realidade histórica. Precisam partir de seus princípios e sustentar-se sobre as bases de sua própria ficção. Nesse sentido, o caso de *Emílio* de Rousseau é paradigmático. O reencontro do ser humano com sua condição natural, que é o que Rousseau persegue, é uma construção literária que define seu caráter duplamente fictício: Emílio é uma hipótese, um ser vindo do nada, órfão de pais, para não ter vínculos nem heranças, e completamente sadio para não dever nada à morte. Sua vida, portanto, é uma ficção que não se preocupa com sua aplicação na vida prática. Só assim pode imaginar-se, Rousseau, o reencontro pleno entre natureza e liberdade. A utopia é o único caminho que pode superar o esquecimento sobre o qual a sociedade estabeleceu as bases da desigualdade e da dominação.

Esse olhar, apesar de toda a potência cultural e histórica que chegou a veicular, tem um limite: ou permanece na ficção utópica ou cai na frustração histórica, seja a frustração pessoal do conto de Bachmann, seja a frustração coletiva da ação revolucionária que persegue a criação do homem novo. Tal como se perguntavam os ideólogos da revolução no século XIX, até onde se pode obrigar o povo a ser livre? Até onde se pode apagar seu passado para que volte a começar, livre de dominações? A pedagogia pode chegar a compartilhar o anseio messiânico da revolução: interromper o tecido do histórico para voltar a começar. Como o pai de Fipps, deixa-se capturar pela ilusão de que cada ser humano que chega ao mundo é radicalmente novo e pode escrever sua história numa pele virgem.

No entanto, o problema da educação é o de um relógio que precisa ser consertado enquanto não pode ser detido. Seu tempo já começou e cada curso que começa, assim como cada vida que chega, já está sempre em andamento. Como pode chegar um tempo diferente a um relógio que não se detém? Como pode surgir um «homem novo» na cidade onde já estamos vivendo? Quem poderia ser o «primeiro», se já é sempre o filho de decisões que não tomou e se inscreve em relações que não escolheu e que o condicionam? Na escola de aprendizes nunca há um primeiro dia, mas sempre um dia seguinte. O lugar no qual podemos nos encontrar para chegarmos a ser aprendizes e perguntarmos a nós mesmos, juntos, como queremos ser educados, não é um laboratório nem uma fábrica onde se produzem seres livres. Na escola de aprendizes, libertar-se da servidão não é um produto ou um resultado final. Não é começar do zero, mas sim pôr em tensão os limites de qualquer aprendizado: como aprender livremente quando nossa vida não é absolutamente livre? Como sermos acolhidos pelos que já estão, sem alienar a própria liberdade? A resposta não pode ser uma fórmula mágica. A emancipação não é um método. É um contratempo, um paradoxo que põe em prática um impossível: tornar iguais os desiguais.

A aliança dos aprendizes é um contramito ou uma contrautopia. Não se propõe rivalizar com os grandes planos de criação do «homem novo», não pretende competir com as tecnopromessas do pós-humano nem somar, às já pensadas, uma nova arcádia pedagógica. É uma ideia que não se projeta num modelo, mas que se concretiza numa perspectiva que modifica a visão, numa ação decidida que altera a experiência do aprendizado e seu regime de expectativas atuais. Seu sentido é tornar iguais os desiguais com base numa aliança que transforma a educação na arte de reunir existências de diferentes idades, trajetórias e condições em uma ação que as iguala sem equipará-las nem padronizá-las: assumir juntos o risco de aprender. Ou seja, aprender uns com os outros e uns dos outros, a partir da consciência do que sabemos e do que não sabemos. Esse é o núcleo da educação como poética e como política da existência. Poética, porque recria uma sensibilidade sufocada pelo esquecimento e pela superstição; e política, porque essa criação se dá em antagonismo com as relações de dominação já estabelecidas.

A aliança dos aprendizes é um encontro

A aliança dos aprendizes não tem uma página em branco onde possa escrever sua carta de fundação. Nem pele virgem, nem um mundo despido de significados. Jamais começa do zero, porque é o efeito de um encontro. Encontrar não é fabricar nem planejar. É deixar-se encontrar e elaborar a partir daí o sentido de uma situação. Do que ela é feita? Como se chega a ela e como queremos sair dela? A pergunta sobre como queremos ser educados não é lançada nunca no vazio, mas sim toma como ponto de partida o que existe e quem já somos. Não molda objetos, mas sim vincula e liberta vidas em curso.

Por isso a aliança dos aprendizes não escolhe seu povo, nem segmenta as identidades para as quais trabalha, nem seleciona um *target* de idade, gênero, classe social ou inclinação ideológica a quem se dirige. Acolhe, redefine e transforma. Essa receptividade é o contrário de uma relação servil e adaptativa a respeito da realidade. O encontro dos aprendizes não se adapta ao sentido da situação, mas sim a cria. O encontro em si é a situação que inventa e descobre seu próprio sentido.

Encontrar-se não é simplesmente juntar-se. Tampouco consiste apenas em colaborar ou fazer projetos em grupo. Há muita atividade pedagógica, atualmente, que não passa de um simulacro colaborativo que logo se transfere para o mundo do trabalho em forma de metodologias vazias que nos levam a acreditar que fazemos coisas juntos. Longe da submissão ao reconhecimento e dos simulacros de colaboração, a aliança dos aprendizes torna possível que os estranhos estabeleçam um vínculo que não anula sua estranheza, mas sim a acolhe.

A aliança dos aprendizes é, então, a aliança dos estranhos e faz da educação e da cultura uma experiência da estranheza. Encontrar-se entre estranhos para aprender juntos implica encontrar-se, também, com tudo o que não sabemos nem entendemos dos demais e dos seres e das coisas que nos cercam. O incompreensível viaja colado à nossa pele, dizíamos, mas com muita frequência se confunde e se reduz à incompreensão que exclui, estigmatiza e envergonha. Explora, codifica e destrói. Aprender, como dizíamos, é também aprender a não saber, cuidar da sombra, da carência e do vazio. Acolher a distância é uma forma de proximidade.

A aliança dos aprendizes se baseia no apreço mútuo

Qualquer instituição social do nosso tempo tende a ser um espaço de circulação. É evidente no que se refere às atividades explicitamente mercantis e comerciais. Sua razão de ser é a circulação: quanto mais rápida, melhor. Quanto mais circulação, mais valor agregado. Mas isso também ocorre, cada vez mais, nas relações afetivas ou na vida cultural e política. Inclusive a vida psíquica e a vida íntima requerem um estímulo constante de novidades, de movimento de interação e de relações em circulação. As políticas educativas atuais também potencializam, em muitos casos, essa cultura da circulação por motivos quantitativos (mais estudantes circulando são mais clientes pagando) e ideológicos: entendem que o objetivo principal do aprendizado é aprender a mover-se com agilidade em ambientes complexos e em constante transformação. A circulação, no entanto, é a antítese do encontro: é um modo de estar juntos sem que possamos nos encontrar, nem descobrir, nem estranhar. O encontro começa a ser um encontro quando, da experiência da estranheza, surge alguma forma de apreço mútuo. Os que se apreciam mutuamente não passam ao largo. Apreciar é valorizar, de tal maneira que cada relação pode gerar seu valor e sua razão de ser.

A reviravolta emocional da educação colocou no centro os afetos e as emoções que vinculam de modo pessoal alunos e docentes. O apreço mútuo, em contrapartida, não precisa psicologizar as emoções nem condicionar tudo ao afeto pessoal. O amor, em todo caso, é um efeito do aprendizado: amamos aquilo que aprendemos com gosto, e acaba sendo inevitável estimar as pessoas com as quais aprendemos coisas interessantes. Mas não pode ser o objetivo da educação, nem sequer entre pais e filhos. Os pais não educam seus filhos para serem amados, mas sim para que eles tenham uma vida plena, para vê-los ser. Os professores não educam seus alunos para que estes os amem, mas serão amados se os ensinarem a ser livres.

O apreço mútuo é a relação que vincula aqueles que podem dar valor uns aos outros a partir das relações concretas que estabelecem e das matérias e ambientes com que tratam. O apreço mútuo não tem rankings nem taxas prefixadas. Para além da colaboração que sustenta a ideia do apoio mútuo, o apreço mútuo é a criação de um valor que não existia. Porque é recíproco, gera uma relação de igualdade a partir de realidades desiguais. Grandes e pequenos, pais e filhos, experientes e novatos, especialistas e aprendizes se encontram numa relação de desigualdade que é a base de qualquer aprendizado. No entanto, a igualdade de valor tem de ser seu efeito. «Aprendo com você, se você aprende comigo.» Essa declaração, implícita, bloqueia o poder destrutivo da vergonha e a ameaça da irrelevância que sempre espreitam o aprendiz. Uma pedagogia emancipadora é a que nos faz igualmente dignos de nossos saberes e de nossos aprendizados. Esse valor não pode ser estabelecido de maneira unilateral, precisa da reciprocidade.

Por isso, tampouco pode ser atribuído a si mesmo, como pretende atualmente o mito narcisista da autoeducação. No apreço mútuo, não somos todos objetivamente iguais, mas a figura da autoridade fica desocupada: combatida quando se impõe, inútil quando se propõe.

A aliança dos aprendizes funciona por composição

A aliança dos aprendizes não gera uma unidade, mas funciona por composição. Historicamente, os sistemas educacionais tiveram como objetivo unificar a experiência do grupo. Seja a experiência do grupo de discípulos (de um professor, de uma escola, de uma ordem religiosa...), do grupo social (em função do estamento, do ofício, das expectativas), das identidades sexuais ou da construção da unidade política e cultural do povo nacional.

A aliança dos aprendizes, em contrapartida, pode ser pensada como uma composição aberta de formas de vida. Uma composição não é uma simples justaposição. Não se trata de somar diferenças nem de colecionar suas representações, como faz o multiculturalismo. Tampouco se trata de deixar-se capturar pela ficção pseudodemocrática que reduz qualquer posição a uma opinião de mesmo valor que outra, isto é, sem nenhum valor. Uma composição, como no caso da música, é uma realidade nova que se gera a partir das relações que a integram. Não é necessário unificá-las; ela as acolhe e as situa em relações de sentido.

A filosofia, como a arte, tem uma tradição perspectivista que entende que a verdade não é a representação da totalidade dos objetos (visíveis ou pensáveis), mas sim o conjunto dos pontos de vista que se estabelecem entre eles. O perspectivismo não é uma descarga na «cor com que se olha»..., muito pelo contrário: é a exigência de ter de situar o próprio ponto de vista entre outros, ou seja, ali onde se cruza e se compõe com outros. A educação, nesse sentido, é um perspectivismo existencial, porque acolher a existência não é fazer entrar um objetivo novo num sistema já estabelecido, mas sim trabalhar as perspectivas novas concretas que são abertas por cada encontro possível. Que saberes confluem? Que problemas, que práticas, que silêncios e que histórias?

É por isso que a aliança dos aprendizes não gera uma unidade, mas sim um campo de tensões plural e antagônico ao mesmo tempo. O pluralismo epistemológico é uma posição crítica que leva até o fim a ideia de que o conhecimento, para ser válido, tem de ser justo com o conjunto de formas de conhecimento possíveis. Desenvolvido por pensadores como Boaventura de Sousa Santos, entre outros, reivindica uma ecologia dos saberes que descentralize as formas de conhecimento do norte global e suas maneiras de excluir e invisibilizar outras formas de fazer experiência. Essa justiça epistemológica não é uma operação salomônica, que reparte em pedaços o conhecimento entre seus interessados, ao preço de acabar matando-o, mas sim uma experiência do conflito entre mundos que sempre constitui a sociedade. Aprender uns com os outros é entrar, necessariamente, nesse conflito entre mundos.

A aliança dos aprendizes gera um meio

A composição de perspectivas, saberes e antagonismos abre o sentido da situação educacional a uma relação na qual se pode ser. Fernand Deligny, como vimos, fazia uso daquele verbo no infinitivo, *permitir*, como chave prática, política e poética, para estar juntos no limiar. Agora podemos entender que esse limiar não existe, disponível, como um lugar aonde se chega e onde se está. É a composição de um meio.

De que é feito um meio? Não é apenas o conjunto de circunstâncias ou condições externas que influem no desenvolvimento de um ser. Inclui também as atividades e os vínculos que esses seres mantêm entre si e com o entorno. O meio educacional não se reduz, portanto, ao sistema educacional. Ele o atravessa e o extrapola. O problema é que, assim como temos referências para reconhecer as instituições do sistema educacional, faltam-nos outras para perceber muitas das realidades que compõem seus meios. A cidade educa, os meios de comunicação educam, a família educa, as plataformas digitais educam etc. Mas esses espaços não deixam de ser ampliações dos cenários por onde circulam nossas relações afetivas, sociais e culturais. Quando dizemos que a aliança dos aprendizes gera um meio, aludimos a outra coisa: ao conjunto de referências comuns que nos permite entender o que significa aprender uns dos outros a partir de um apreço mútuo.

Um exemplo interessante da invenção de um meio educativo, no contexto da cultura ocidental moderna, é o que poderíamos chamar de *comunidade dos leitores*. A leitura não é uma atividade óbvia. Rompe o fio milenar da oralidade e suas formas de comunidade. Com a escrita, primeiro aparece a pergunta «quem pode escrever?». Estabelece-se assim o poder dos escribas, daqueles que podem tomar nota das atividades da comunidade (comércio, organização social, leis, crônicas, livros sagrados...). Do Oriente ao Ocidente, num primeiro momento a escrita tem mais poder que a leitura. À medida que o livro se torna um objeto replicável e acessível, a comunidade vinculada aos arquivos e aos livros sagrados vai se multiplicando e surge uma figura nova: a comunidade dos leitores. Quem pode ler? Essa pergunta estabelece uma primeira divisão entre os que têm acesso à letra e os que não têm. O analfabetismo é uma produção social de exclusão que em outro regime cultural não existiria.

Mas, com a leitura cada vez mais distribuída, aparece também outra pergunta: quem lê quem? A comunidade dos leitores não é então a daqueles que estão submetidos à leitura de um só livro ou cânone, mas sim a daqueles que podem ler uns aos outros. Vivida assim, a leitura sabota o monopólio sobre a letra e reinventa a comunidade, desencaixando-a de suas formas de representação unificadas. Quem sou eu quando leio? Quem somos nós quando lemos? O elemento mais importante da comunidade dos leitores é a impossibilidade de jamais saber totalmente o que os outros leram ou poderão chegar a ler. Por isso, a leitura desencaixa a comunidade, tornando-a irrepresentável, incontrolável, indisciplinada. A solidão e a cumplicidade tecem uma aliança. A aliança dos aprendizes leitores é a dos que não têm medo de estar sozinhos, porque podem encontrar livremente suas cumplicidades. Os que leem livremente uns aos outros não trabalham para a comunidade já instituída. Sempre estão compondo outras. Por isso despertam medo. E por isso o poder sempre se dedicou a neutralizar os efeitos indisciplinados da leitura, mirando uma forma de codificar seus sentidos.

No contexto da cultura ocidental, isso ocorreu de diversas maneiras: reconduzindo a leitura à transmissão de um dogma ou de uma verdade revelada (o livro sagrado), transformando o acesso à leitura em uma questão de status social e cultural (escola), fazendo da leitura um assunto exclusivo dos especialistas (academia) ou entregando-a às dinâmicas próprias do consumo ou da moda (mercado). Em todos os casos, a neutralização do poder da leitura reduz a comunidade dos leitores à comunidade daqueles que se reconhecem porque leram o mesmo livro. A leitura funciona então como um código de reconhecimento e, portanto, também de exclusão. Dessa maneira, deixa de ser um meio, uma composição aberta, para funcionar como um sistema social, político e cultural que organiza e hierarquiza as diferenças.

A experiência histórica da comunidade de leitores nos permite fazer a seguinte pergunta: como gerar meios compostos de referências comuns que não homogeneízem nem codifiquem a experiência? O mercado responde a isso diversificando os *targets* de consumo. O sistema educacional o faz personalizando cada vez mais as opções de aprendizado. Em contrapartida, a escola de aprendizes, por nascer da aliança dos estranhos, faz isso de outra maneira. Amplia e radicaliza a pergunta da comunidade dos leitores e a leva mais além: quem aprende de quem?

A aliança dos aprendizes torna iguais os desiguais

Tornar iguais os desiguais não é uma utopia. É o sentido da situação, quando nos encontramos uns com os outros na condição de aprendizes, e desse encontro surge um meio baseado na estranheza e no apreço mútuo. A escola dos aprendizes não é, portanto, uma instituição alternativa, que se põe à margem do sistema e cria uma bolha para algumas pessoas, nem um modelo de instituição futura, situada fora do espaço e do tempo. É uma forma de modificar a experiência do espaço e do tempo presentes, assim como de transformar os modos de prestarmos atenção a nós. A igualdade dos desiguais é, então, o contratempo que altera os relógios que não podem ser detidos, os espaços da cidade onde já vivemos, o legado das culturas das quais fazemos parte e as relações sociais que nos condicionam. Qualquer ordem social se baseia em relações de desigualdade e de domínio que os sistemas educacionais reproduzem, mas que a aliança dos aprendizes, quando se dá, interrompe e desmente.

Nossa cultura situou a igualdade como uma ficção que só pode estar num passado mítico ou num futuro utópico: o passado mítico da ficção religiosa (todos somos filhos de Deus), da ficção antropológica (antes do contrato social, os humanos viviam em condições de igualdade natural), da ficção capitalista (o ponto de partida das trajetórias de vida individuais é a igualdade de oportunidades) ou inclusive da ficção intelectual (como seres racionais, todos somos igualmente inteligentes). Os futuros utópicos de cada uma dessas quatro ficções são apenas sua contraimagem: a salvação, a comunidade reconciliada, o mercado livre autorregulado, a sociedade do conhecimento... Conjugada no passado ou no futuro, o que temos é o fato de que a igualdade nunca é uma experiência real. Sempre é aquilo que está fora de nosso alcance e desse acidente permanente que é a história. Ainda que situe a igualdade no princípio de tudo, o igualitarismo mítico, em todas as suas formas, alimenta e potencializa a resignação acerca da reiteração da desigualdade.

No entanto, se é preciso tornar iguais os desiguais, é porque a igualdade nunca está no ponto de partida. É necessário fazê-la, inventá-la. É sempre o resultado de algum tipo de intervenção política, porque modifica as relações de poder existentes, e poética, porque altera os códigos de valor estabelecidos. Por isso a igualdade não é um ideal abstrato fora de contexto, mas sim uma relação possível e concreta com os outros, que modifica a percepção dos contextos reais de vida. Qualquer pessoa, jovem ou velha, que tenha sido tratada como um igual, mesmo apenas uma vez na vida, nunca deixará de perceber a violência de tudo aquilo que a dispõe, de novo, à inferioridade. O espelho do esquecimento sobre o qual se assenta a normalização da servidão terá sido quebrado de modo irreversível. Da mesma forma, não há nada mais violento para um «superior» do que se ver tratado de igual para igual por quem ele considera seus subordinados. Entendida assim, a igualdade não é um ideal, mas uma experiência concreta que tem a potência de mostrar as condições materiais e simbólicas da desigualdade existente e apontar para sua transformação. A partir daqui, como afirma César Rendueles em seu livro *Contra la igualdad de oportunidades*, «a igualdade é um projeto social complexo»,[2] que só pode ser desenvolvido a

---

2 César Rendueles, *Contra la igualdad de oportunidades*. Barcelona: Seix Barral, 2020, p. 166.

partir de compromissos e de obrigações compartilhados, negociados e batalhados. Como veremos no próximo capítulo, nesse projeto social complexo o que está em jogo é a maneira como a imaginação política e a experiência do tempo traçam determinados cenários de futuro em disputa.

No coração dessa experiência concreta da igualdade, encontramo-nos de novo com a vergonha. Tornar iguais os desiguais é, antes de mais nada, interromper a tentação da vergonha. «Aprendo com você, se você aprender comigo», o pacto implícito da aliança dos aprendizes, não define os parâmetros de uma igualdade formal, mas sim a cumplicidade real entre aqueles que sabem não saber e que, portanto, podem assumir juntos o risco de aprender. O que lhes impede saber-se juntos? Se a igualdade pode ser inscrita a contratempo em nossos contextos reais de vida, deve-se poder analisar quais estruturas sociais, institucionais, culturais e psíquicas o impedem. Tornar iguais os desiguais é um transtorno. Tornar iguais os desiguais assusta, sobretudo aqueles que pregam a igualdade a partir de um trono, de um altar, um palco ou uma cátedra. Tornar iguais os desiguais possibilita que as perguntas que qualquer aprendiz precisa atravessar para existir sejam dirigidas sem constrangimento a qualquer um de nós: «Quem é você? Quem são vocês para atribuírem a si mesmos o poder de escrever nosso futuro?».

9. Disputar os futuros

Lembro-me de uma conversa no pátio do colégio. Tínhamos uns onze ou doze anos, e portanto isso deve ter ocorrido em meados da década de 1980. Comentávamos, como se fôssemos os primeiros a descobrir isso, que duas doenças incuráveis haviam surgido: o câncer e a aids. O câncer nos parecia novo, porque ainda se falava pouco dele ou só com eufemismos. Lembro-me perfeitamente da explicação que algum dos meninos deu a respeito da aids: é uma doença que faz com que se possa morrer de qualquer outra doença. Portanto, pensei: se é possível morrer de qualquer outra doença, então não se cura nenhuma doença. Foi minha primeira experiência de um retrocesso, de uma involução histórica. Éramos filhos de pais do pós-guerra e havíamos escutado falar do tifo, do cólera, da difteria, da desnutrição..., ainda tínhamos muito em mente as mãos e os pés retorcidos por causa da pólio. Crianças vacinadas e bem alimentadas, crescemos pensando que no futuro seria possível curar tudo. Do mesmo modo, éramos de uma geração que começava a desfrutar de um bem-estar econômico e cultural que muitos de nossos pais não haviam conhecido. Estudos, carro, uma segunda casa, primeiras viagens, consumo... A contingência histórica assumia a forma de evidência: tudo iria melhor e cada geração teria mais recursos e mais bem-estar que a anterior. Da ideologia do progresso, desmentida pela história da modernidade, só nos restava uma micro-história entre pais e filhos, que viam como a prosperidade chegava e os horizontes se ampliavam. A imaginação é muito curiosa: projeta futuros a partir de presentes que ninguém vê nem questiona. Mas o câncer, a aids, o «botão vermelho» da guerra fria, com o qual todos fantasiávamos (que louco apertará o botão?) estavam aí para nos lembrar, se queríamos entender, que a história não é ditada por nenhuma lei, mas sim por nossas ideias, nossas ações e nossas representações.

Agora estamos sob o horizonte do colapso. Em seu perfil de WhatsApp, meu filho de treze anos escreveu: «Fiquemos tranquilos, em 2050 morreremos». Para os jovens da extinção, suas possíveis rebeliões não questionam o colapso. Caso se deem, elas acontecem já na prorrogação. Mais que perceber um retrocesso, passaram a calcular diretamente o tempo que lhes resta. O futuro é um entreato. A educação, como arte da existência que se baseia em transmitir, compartilhar e transformar os conhecimentos disponíveis de geração em geração, inscreve sua atividade no tempo e lhe dá forma. Durante a modernidade, o tempo do aprendizado esteve projetado em direção ao futuro: a perfectibilidade, o progresso e a prosperidade eram diferentes facetas desse esforço individual e coletivo que se justificava por seus benefícios no dia de amanhã. Numa sociedade em que os imaginários do futuro ficam presos no passado incompleto e são superados pelos cenários iminentemente apocalípticos, qual é o sentido e qual é a necessidade de aprender? Como queremos ser educados quando não se deriva do presente nenhum futuro imaginável que não seja a catástrofe?

O tempo da promessa

O tempo da promessa se rompeu. Um dos diagnósticos mais comuns para explicar a situação de crise do sistema educacional é que o elevador social parou ou está descendo. Ou seja, que a escola já não é nenhuma garantia de maior igualdade nem de uma mobilidade social ascendente para as classes sociais mais desfavorecidas. Então, por que ir à escola? Para que aprender coisas que não nos prometem um futuro melhor? A foto fixa desse diagnóstico pode ser verdadeira. Mas como chegamos até aqui? E de onde vem a ideia de que a escola é a instituição que tem de possibilitar a mobilidade social?

Dizer que os jovens e as crianças de hoje são a primeira geração que viverá pior que seus pais é uma afirmação tão cega quanto a dos meus amigos e a minha no pátio do colégio, surpresos ao descobrirmos que havia doenças incuráveis. Apesar do esforço do filósofo Steven Pinker para nos fazer acreditar quantitativamente no progresso irrefreável da humanidade,[1] qualquer olhar um pouco mais amplo sobre a história desmente a premissa dessa afirmação. Para começar, e sem ir muito longe, a geração dos meus pais, filhos do pós-guerra espanhol, viveu material e animicamente muito pior que a geração dos meus avós, jovens das primeiras três décadas do século XX. E assim poderíamos ir desmentindo a obviedade do progresso, prestando atenção à diversidade de situações que caracterizam a história humana, em diferentes lugares e momentos. O que nos fez acreditar, então, na mobilidade social e, especificamente, na ideia de que a educação é sua principal garantia?

«A escola acabou se tornando a única solução que somos capazes de imaginar para uma quantidade surpreendente de desafios e de problemas»,[2] afirma César Rendueles. O sexismo, a mudança climática, a democracia, a igualdade social, a

---

[1] Steven Pinker, *En defensa de la Ilustración*. Barcelona: Paidós, 2018. [Ed. bras.: Steven Pinker, *O novo iluminismo*. Trad. Laura Teixeira Motta e Pedro Maia Soares. São Paulo: Companhia das Letras, 2019.]
[2] César Rendueles, op. cit., p. 274.

obesidade, a violência..., todos os problemas entram no mesmo saco, chamado escola. E Rendueles acrescenta: esse recurso à educação como solução para todos os problemas é «um placebo discursivo, fruto da impotência política que nos leva a projetar na educação nossas esperanças falidas na igualdade social».[3] Seguindo a análise de Christopher Lasch em *A rebelião das elites*, Rendueles argumenta que o conceito de *mobilidade social* é um conceito elitista que justifica o privilégio das elites como um prêmio a seu talento, a seu esforço ou a seu mérito. A meritocracia faz da igualdade de oportunidades a única definição possível de uma igualdade que não entre em conflito com a liberdade individual, entendida como a livre concorrência e recompensa entre indivíduos. «Historicamente, o conceito de *mobilidade social* foi formulado claramente quando já não se podia negar a existência de uma degradada classe social de assalariados ligados a essa situação para sempre; dito de outra forma, quando se renunciou definitivamente à possibilidade de uma sociedade sem classes.»[4] A vitória da meritocracia coincide, segundo Lasch, com a mercantilização competitiva de cada vez mais âmbitos da vida e com a crescente separação das elites em relação ao restante da sociedade e de seus interesses. Dessa maneira, consolidam-se certos indivíduos e classes superiores que acreditam não dever nada a ninguém, nem ter, portanto, nenhum compromisso com o conjunto da sociedade. Atualmente, poderíamos dizer, inclusive, com o restante do planeta.

Não há destinos nem futuros comuns, e o crescimento econômico já não é percebido como um motor

---

3 Ibid., p. 278.
4 Christopher Lasch, *La rebelión de las élites*. Barcelona: Paidós, 1996, p. 71. [Ed. bras.: Christopher Lasch, *A rebelião das elites e a traição da democracia*. Trad. Talita M. Rodrigues. Rio de Janeiro: Ediouro, 1995.]

que trabalha para o conjunto da sociedade nem da humanidade. De fato, o próprio motor do crescimento indefinido está em questão num planeta onde já faz décadas que os limites do crescimento foram apontados e que agora já não são vistos como um teto, mas sim como um abismo. Por outro lado, a implementação de um sistema educacional público e obrigatório na maior parte dos países do mundo talvez tenha protegido as classes mais excluídas, mas não contribuiu para diminuir a segregação social, que se perpetua inclusive por meio dos sistemas públicos. Temos instituições educacionais e culturais públicas, mas não temos instituições que se encarreguem de um verdadeiro encontro entre classes e grupos sociais, que não seja o consumo de diversidades folclorizadas. Como podemos imaginar, então, uma ampla socialização entre iguais que realmente possa ser a promessa no sentido de uma sociedade mais justa, na qual a educação seja boa para todos? É a escola que tem de se encarregar dessa promessa, quando a geografia de nossos bairros e cidades, desenhada pela especulação imobiliária, vai no sentido contrário? É a escola que tem de se encarregar, quando a invasão íntima das plataformas audiovisuais e as redes sociais moldam a todo tempo o cérebro dos mais jovens e dos já não tão jovens? É a escola que tem de se encarregar, quando as reformas trabalhistas, as regulações dos aluguéis e as medidas sociais coincidem em propor um cenário cada vez mais precário e violento para as mesmas crianças e os mesmos jovens que queremos tornar livres e felizes por meio da educação?

O tempo da promessa, se é que alguma vez existiu, já se rompeu há muito tempo, e não foi só a escola que fez isso. Foi responsabilidade de um sistema que nos fez chegar a acreditar que só terão futuro os que o merecem ou que tiveram muita sorte, seja graças a seu talento, seja devido às circunstâncias. Nesse cenário, o sistema educacional continua organizado por cursos, tem uma porta de entrada e muitas de saída, porque a evasão escolar cresce e se diversifica, inclusive na evasão interior daqueles que talvez terminem todos os ciclos sem se sentirem confiantes nem jamais interessados por nada.

Para a maioria, excluídos de qualquer imaginário compartilhado acerca de um futuro melhor, a educação se instala em um não tempo: um curso após outro, como uma condenação para toda a vida que não leva a lugar nenhum, exceto ao jogo infinito de não perder alguma oportunidade. Esse jogo assume a forma vazia de um futuro sem promessa: o *projeto* como forma que padroniza a relação com qualquer tipo de atividade (desde um tema na escola até uma proposta de exposição, de pesquisa científica ou de empreendimento) e o prognóstico, algorítmico ou ainda humano, que a partir da reunião de dados pretende demarcar o futuro em forma de opções e de cenários possíveis. Como explica Axel Rivas no livro *Quem controla o futuro da educação?*,[5] as forças tecnoeducativas que estão conquistando a educação, tanto dentro quanto fora do sistema institucional, a partir de plataformas interativas (editoriais, de aprendizado on-line, calendário de tarefas etc.), baseiam toda sua potência em sua capacidade de acumular tantos dados que não apenas alcançam altos níveis de controle, mas sobretudo uma capacidade de prognóstico que predestina cada uma de nossas vidas de maneira personalizada. Entre outros muitos exemplos e referências, Rivas recorre às palavras de José Ferreira, da plataforma Knewton:

---

5 Axel Rivas, *¿Quién controla el futuro de la educación?*. Madri: Siglo XXI, 2019.

«Sabemos exatamente quando você fracassará e podemos modificar isso. Sabemos literalmente tudo acerca de como você aprende e de como aprenderia melhor».[6] Num sistema educacional cada vez mais onipresente e sem tempo, o futuro se reduz a um itinerário adaptativo que traduz os comportamentos anteriores em possíveis itinerários individuais de sucesso ou fracasso.

Futuros póstumos

«Roubaram minha infância e meu futuro [...] Como se atrevem? [...] Nunca os perdoaremos.» São as palavras da ativista pelo clima Greta Thunberg em 23 de setembro de 2019 na 74ª Assembleia das Nações Unidas. A ideia de futuro roubado já havia aparecido nos movimentos juvenis de 2011, tal como expressou o coletivo Juventude sem Futuro, que no contexto do 15-M[7] se havia expressado com o lema «Sem casa,/ sem trabalho,/ sem pensão» e que em suas manifestações declarava: «Vocês quiseram roubar nosso futuro, mas o que tiraram foi nosso medo». Em menos de uma década, o futuro roubado mudou radicalmente de escala: do futuro entendido como bem-estar pessoal e social, precarizado agora pela crise econômica, ao futuro da vida humana no planeta, como o que se encontra irreversivelmente ameaçado pelo processo atual de extinção de ecossistemas e de espécies, entre elas a humana.

Seja como for, os habitantes do século XXI são aqueles que não imaginam

---

[6] Ibid., p. 106.
[7] Sigla que teve origem em 2011 na Espanha e faz referência à data de 15 de maio daquele ano, quando um primeiro grupo de manifestantes se reuniu no centro de Madri para protestar contra a crise e o desemprego no país. O movimento ganhou força e acabou tomando as ruas de outras cidades espanholas nos dias subsequentes. [N. T.]

9. Disputar os futuros

nenhum futuro que não seja catastrófico. Inclusive parece que desejamos o apocalipse, para poder descansar da inquietude provocada por tanta incerteza e pela angústia de tanta impotência. Nosso presente nem imagina nenhum futuro desejável, nem a decepção de qualquer futurismo anterior, e para nós qualquer futuro já é mais que uma decepção. É uma ameaça. Nossa experiência do tempo entrou numa condição póstuma, em que qualquer expectativa compartilhada se situa no depois de um depois e assume a forma de um *pelo menos* ou de um *ainda*.

Isso é claramente percebido nos projetos educacionais: os que são formulados com base numa visão de futuro o fazem de tal maneira que privatizam as expectativas e as apresentam como fórmulas de sucesso baseadas em aprender a adaptar-se melhor a um futuro do qual dizem que não sabemos nada. Para o restante, o sistema educacional se apresenta como o lugar onde pelo menos farão uma ou duas refeições decentes, onde pelo menos verão outras crianças, onde pelo menos deixarão de lado as redes sociais por um tempo, onde pelo menos ouvirão falar — se escutarem — de algo que não seja eles mesmos, onde pelo menos conseguirão um certificado mais ou menos desvalorizado... Será que a escola e suas extensões pós-obrigatórias podem sobreviver à sua condição fantasmagórica e póstuma de justificar-se em um *pelo menos*? Sob a servidão adaptativa, a educação só pode prometer duas relações possíveis com o futuro: uma, para aqueles que, cada vez mais flexíveis, conseguirão adaptar-se a suas contínuas transformações e exigências. Outra, para os inadaptados: ficar, como dizíamos, fora de jogo. Para ambos, o futuro é nebuloso, porque é aquele tempo que anula qualquer possibilidade de imaginá-lo.

A prova dessa anulação radical da imaginação a respeito de qualquer tipo de futuro compartilhado é a proliferação de histórias, filmes e análises tanto científicas quanto filosóficas que projetam o que seria «um mundo sem nós». Trata-se de um imaginário presente em muitas cosmovisões, antigas e modernas, ocidentais e não ocidentais, desde o Éden até *O planeta dos macacos*, desde os mitos da criação, em que os humanos sempre costumavam chegar tarde e por acidente, até todo tipo de visão apocalíptica, dentro ou fora deste planeta, incluindo a explosão ou a dissolução no nada. Como escreve o filósofo italiano Franco Berardi, «Bifo», «o futuro se torna uma ameaça quando a imaginação coletiva não pode enxergar alternativas à devastação».[8] Nesses momentos, basta olhar os catálogos das plataformas audiovisuais on-line ou passar em revista algumas das correntes de pensamento contemporâneo que estão mais na moda, como o realismo especulativo, o aceleracionismo ou certos tipos de pós-humanismo, para se dar conta de que o mundo sem nós é um imaginário dominante e desejado.

A condição póstuma é a forma atualmente assumida pela vergonha de sermos humanos a que nos referíamos no começo deste livro e que até agora havia tido sua expressão mais dolorosa na metade do século XX, depois da experiência do fascismo e com as guerras mundiais. É a vergonha em relação a um ser tão pouco nobre que só pode agir provocando mais destruição, e tão impotente que nem sequer pode reverter o dano que ele mesmo causa. É o que já pressagiavam os personagens de Tchékhov

---

[8] Franco «Bifo» Berardi, *After the Future*. Edimburgo: AK Press, 2011, p. 59. [Ed. bras.: Franco «Bifo» Berardi, *Depois do futuro*. Trad. Regina Silva. São Paulo: Ubu, 2019.]

9. Disputar os futuros

no presente de suas existências em suspensão: «O senhor já ouviu o que Astrov disse: que os senhores destroem irracionalmente as florestas e logo não restará nada na terra. Desse mesmo modo irracional, destroem o ser humano e, por causa dos senhores, logo não restará nada na terra, nem lealdade, nem honradez, nem capacidade de autossacrifício. Por que os senhores não podem olhar com indiferença para uma mulher que não é sua?».[9] São palavras de Helena em Tio Vânia. Quando não há promessa, a única fidelidade é a posse. Os personagens de Tchékhov têm consciência de que talvez seja melhor não fazer nada e de que qualquer movimento brusco, inclusive o do amor, só causará mais dor. Ainda assim, nem mesmo eles podem evitar viver, sem saber como nem por quê. Quando não se pode olhar para frente, podemos inventar para nós mesmos um futuro que olhará para trás, um futuro retrospectivo que talvez se lembre de nós... ou talvez não. Diz Astrov: «Me sentei, fechei os olhos — veja, assim — e me pus a pensar. Eu me perguntava se quem viver depois de nós, dentro de cem ou duzentos anos, e a quem agora estamos abrindo caminho, se eles vão se lembrar e falar bem de nós».[10] Aposto que não!

Se a educação inscreve os conhecimentos disponíveis num tempo vivido entre gerações e formas de vida em transformação, como se pode pôr em prática uma ação educativa com sentido em tempos póstumos? Como aprender algo que não seja uma corrida contra o tempo ou uma perda de tempo? Tchékhov, por exemplo, inventa um olhar retrospectivo que conecta

---

9 Anton Tchékhov, *Ivanov, La gaivota, Tío Vania*. Madri: Alianza, 1990, p. 241. [Ed. bras.: Anton Tchékhov, *Quatro peças: A gaivota, Tio Vânia, Três irmãs e O jardim das cerejeiras*. Trad. Rubens Figueiredo. São Paulo: Penguin-Companhia das Letras, 2021.]

10 Ibid., p. 227.

o presente com o futuro, quando o presente não sabe ser imaginado para além de si mesmo. É um olhar que não permite dizer nada, talvez, sobre o que virá, mas que projeta uma nova luz sobre os vivos e sobre seu passado. Permite-lhes pensar a si mesmos. Para mim, o papel dos professores dentro da aliança de aprendizes tem de ser justamente este: oferecer olhares que conectem o tempo dos vivos com o dos que existiram antes e com o dos que estão a caminho, se chegarem, de tal maneira que possam pensar-se uns aos outros, uns dos outros. Esse é o sentido mais profundo e mais necessário do que denominamos o risco de aprender juntos.

Opacidade

Se o futuro é nebuloso, é porque o presente é opaco. A nebulosidade do futuro é a sombra projetada pelos presentes que não sabemos ler. «O futuro não é uma dimensão natural da mente, mas sim uma modalidade da percepção e da imaginação, um modo de expectativa e de atenção, e suas configurações mudam de acordo com as culturas»,[11] ainda nas palavras de Bifo. Educar é dar ferramentas para ler o próprio tempo e relacioná-lo com os que já se foram e os que estão por vir. Por isso o professor é também um aprendiz, porque o tempo em que ele ensina não é totalmente seu nem se encaixa no de quem aprende com ele. É sempre necessário voltar a aprender a ler. Por isso a tarefa emancipadora da alfabetização não é a que consiste em transmitir a ferramenta da linguagem já construída. Entendida assim, a alfabetização se confundiria com a evangelização ou com a conversão a partir

---

[11] Bifo, op. cit., p. 17.

da palavra revelada. Alfabetizarmo-nos é a atividade de voltar a decifrar juntos o texto e os subtextos (com seus esquecimentos e seus silêncios) que configuram a trama de um tempo.

Perguntar a nós mesmos como queremos ser educados implica poder perguntar, então, que futuros podemos imaginar e com que passados queremos nos vincular. A educação é uma arte da existência porque refaz a experiência do tempo contra a ditadura do que é e do que tem de ser. Quando queremos compreender, o que não se deixa ler perde sua imunidade e começa a emitir significados que podem ser discutidos. Como escreve Néstor García Canclini, «conhecer é atravessar abismos»,[12] mas para atravessá-los a primeira coisa a ser feita é abri-los, arrancá-los da arbitrariedade que os faz aparecer como evidentes. «Qualquer descrição da estrutura social se torna evidente [...]. Captar a ordem das pessoas e das coisas requer, mais do que nunca, estar ciente da sua arbitrariedade. A sociedade é um labirinto de estratégias.»[13] A opacidade do presente não é um fato natural. É o resultado, como escreve Canclini, de um conjunto de estratégias que convergem para aumentar a ilegibilidade da realidade.

As estratégias da opacidade de nosso tempo são muitas. Vimos antes como a ignorância é um recurso produzido pela própria informação e pelos usos que o aparato científico, político e empresarial faz do conhecimento quando o transforma na base de novas formas de confusão. A realidade simbólica que organiza os sentidos de nosso tempo é uma grande

---

12 Néstor García Canclini, *El mundo es un lugar extraño*. Barcelona: Gedisa, 2014, p. 17. [Ed. bras.: Néstor García Canclini, *O mundo inteiro como um lugar estranho*. Trad. Larissa Fostinone Locoselli. São Paulo: Edusp, 2020.]

13 Ibid., p. 15.

máquina de produzir ilegibilidade. Ela nos obriga constantemente a ler e a aceitar fragmentos de texto (planos de curso, contratos, cláusulas de privacidade, programas de formação, tutoriais, *timelines* de informação etc.) que não conseguimos entender. Aprendemos, assim, a agir num mundo que se tornou ilegível para nós, não porque a natureza tenha deixado de ser aquele livro que Francis Bacon nos prometia decifrar um dia, mas sim porque não há natureza, só a expressão bulímica de um cérebro atrofiado.

Ante essa experiência, os discursos especializados invocam três palavras-chave: *complexidade, velocidade* e *incerteza*. Três nomes para a inquietude, que nos é devolvida, assim, como se fosse uma realidade objetiva: vivemos num mundo complexo, rápido e incerto. Dito isso, parece que não é preciso acrescentar mais nada. Diante de qualquer fenômeno, impõe-se a sensação de que tudo ocorre muito rapidamente e de que é complexo demais para poder acompanhar sua compreensão. O incompreensível já não está grudado à nossa pele, mas sim constitui a ameaça que torna cada vez mais difícil, para nós, sentir uma pele. A pele é uma mediação entre nós e outras coisas, temperaturas, contatos, sensações e emoções. É uma das maneiras que temos de aprender a medida na desmedida, uma proporção do vivível na desproporção do universo em que vivemos. Sem pele, só resta a representação irrefreável da complexidade, da velocidade e da incerteza do que chamamos mundo e que justamente então deixa de sê-lo.

No início do livro citávamos estas palavras de David Foster Wallace: «Na realidade, aprender a pensar significa exercer certo controle sobre o que você pensa e como pensa. Significa ser consciente o bastante e estar alerta o bastante para escolher a que prestar atenção e escolher de que maneira construir sentido a partir da experiência».[14] Trata-se de aprender a olhar e a compreender sem nos tornarmos escravos da velocidade e da complexidade. Aprender a pensar é aprender a distinguir níveis, a situar problemas e a estabelecer relações significativas entre elementos diversos. Por exemplo, a devastação ambiental que o capitalismo atual está levando a cabo e o apocalipse como imaginário cultural pertencem a registros distintos. São duas maneiras de dar forma e expressão à impossibilidade de imaginar o futuro a partir deste presente. Confundi-los é impedir que se situe o problema de quem está levando a cabo a devastação do planeta, e de que modo está fazendo isso, e nos condenar assim ao colapso como realidade e como destino inevitável.

Esse labirinto opaco captura o não saber dos aprendizes e o transforma numa ignorância submissa e rentável. É uma ignorância que, como vimos, não consiste em simples falta de conhecimento. Trata-se, melhor dizendo, de uma forma de conhecimento profundamente ignorante de si mesmo, de seus contextos e do que deixa por pensar e por fazer. Muitos estudantes têm hoje a sensação de que o que aprendem não serve para nada. Não se trata apenas de que seus estudos não lhes ofereçam saídas profissionais em um mercado de trabalho estourado. A sensação generalizada é a de que o que se aprende nas escolas e universidades realmente «não diz» nada. Não «diz nada» porque não serve para fazer falar o mundo em que vivemos nem estabelecer um diálogo com ele. Torna ilegível a realidade na qual temos de viver e sobreviver. O sistema educacional e a academia em geral colaboram, pois, com um analfabetismo ilustrado que não se combate com

---

14 David Foster Wallace, op. cit.

mais formação, mas sim com um saber mais consistente. Utilizando uma palavra mais antiga, poderíamos dizer: com um saber mais sábio, ou com uma ignorância mais douta. García Canclini o explica assim: trata-se de «trabalhar no não resolvido das explicações».[15]

Saberes de futuro

Quais devem ser, então, os saberes do futuro? Essa pergunta é feita de forma recorrente e ainda mais agora, em que as sucessivas crises colaboram também em decretar a crise da educação e a necessidade urgente de sua renovação. Como em qualquer mercado, há respostas para todos os gostos e todas elas defendem sua novidade e sua necessidade.

A mais habitual e mais servil, como vimos, é a resposta adaptativa, para a qual os saberes do futuro têm de ser aqueles que se adaptem melhor às mudanças do mercado global e às inovações tecnológicas. Uma parte importante das propostas inovadoras atuais deriva dessa questão, embora nem sempre o explicite tão cruamente. A resposta adaptativa é fácil de ser dada, mas também de ser rebatida: se essas mudanças são as que devem pautar o roteiro da nova educação, quem se torna responsável por elas? Nas mãos de quem elas estão e qual visão de mundo expressam?

Também há tentativas de dar respostas programáticas, que apresentem novos conteúdos e paradigmas de conhecimento. É especialmente interessante ler e comparar os documentos elaborados nesse sentido nas últimas décadas por duas figuras tão contrapostas

---
[15] Néstor García Canclini, op. cit., p. 139.

9. Disputar os futuros

como Edgar Morin e Dominic Cummings. O filósofo francês elaborou um relatório para a Unesco em 1999 intitulado «Os sete saberes necessários para a educação do futuro».[16] O assessor político britânico, cérebro da campanha do Brexit e atual braço direito de Boris Johnson, trabalhou durante anos no Ministério da Educação e redigiu um extenso documento que consta em sua página na internet e se intitula «Alguns pensamentos sobre educação e prioridades políticas»,[17] escrito em 2013. O primeiro propõe uma ética planetária para uma comunidade humana que perdeu o senso de pertencimento coletivo à Terra. O segundo, um projeto de pensamento integrador para aqueles que possam ser capazes de sintetizar os grandes problemas da humanidade e tomar decisões corretas. Morin tem uma perspectiva humanista. Cummings, uma perspectiva tecnoelitista. Mas o interessante de contrapor os dois documentos é ver seu efeito de espelhamento. Se Morin organizava sua proposta em sete saberes, Cummings também propõe sete áreas.

Os saberes de Morin são: 1) as cegueiras do conhecimento: o erro e a ilusão; 2) os princípios de um conhecimento pertinente; 3) a condição humana; 4) a identidade terrestre; 5) como enfrentar as incertezas; 6) a compreensão; e 7) a ética do gênero humano.

As sete áreas de Cummings são: 1) matemática e complexidade; 2) energia e espaço; 3) física e computação; 4) engenharia biológica; 5) mente e máquina; 6) método científico, educação

---

16 Dominic Cummings, *Some Thoughts on Education and Political Priorities*. Disponível em: https://dominiccummings.files.wordpress.com/2013/11/20130825-some-thoughts-on-education-and-political-priorities-version-2-final.pdf

17 Edgar Morin, *Les sept savoirs nécessaires à l'éducation du futur*. Paris: Unesco, 1999. Disponível em: https://unesdoc.unesco.org/ark:/48223/pf0000117740_fre. [Ed. bras.: Edgar Morin, *Os sete saberes necessários à educação do futuro*. São Paulo: Cortez; Brasília: Unesco, 2000. Disponível em: http://portal.mec.gov.br/seb/arquivos/pdf/EdgarMorin.pdf]

e tomada de decisões; e 7) economia política, filosofia para evitar catástrofes.

É evidente que se trata de dois registros, dois campos semânticos e dois conjuntos de referentes epistemológicos muito distantes. Mas o que interessa é que compartilham o ponto de vista: um olhar sobre o todo e para o todo. No entender de Morin, trata-se dos problemas fundamentais que têm de ser tratados em qualquer sociedade ou cultura. Para Cummings, por sua vez, os integradores têm de ser aqueles que sejam capazes de «um olhar cru sobre o todo» (*a crude gaze at the whole*). A complexidade à qual ambos tentam dar forma programática é uma configuração totalizadora dos limites da experiência possível. Obtém-se por abstração do ponto de vista. Quem fala? E a quem se dirige? O relatório de Morin está escrito a partir da pergunta em torno da sustentabilidade. O de Cummings, sob a ameaça de disrupção e da catástrofe. Ambos veem o tempo sob a sombra de um futuro em perigo. Um propõe combater o terror e a ilusão. O outro, a mediocridade e o fracasso. Ambos confiam na ciência e na tecnologia, nos saberes clássicos e na filosofia. No entanto, o que fazem é abstrair as perguntas, as práticas e as maneiras de fazer concretas de cada âmbito do saber, para situá-las como grandes questões diante dos grandes medos. Tudo é tão grande, que só os «grandes homens» como eles e as «grandes instituições» para as quais trabalham podem acreditar que lhes farão frente.

A abstração e a totalidade são o privilégio dos que podem ignorar as situações concretas e seus limites reais. Se seus saberes são os do futuro, está claro que esse futuro será o que continuarem traçando e orientando os que se creem capazes dessa visão. Cummings não dissimula isso, trabalha diretamente para esses visionários, aos quais confia o futuro de organizações e de corporações mais eficazes. Morin e as posições que defendem uma educação da consciência ética global, embora preguem o contrário, não estão tão longe. A complexidade lhes permite incluir a dissonância sem escutá-la, a desproporção sem se inquietar e a estranheza sem se incomodar. Por isso invoca a complexidade, que tanto agrada a gestores e a intelectuais.

Os saberes do futuro serão aqueles que se encarregarem das situações do presente. Que assumirem a dificuldade sem impregná-la de complexidade e que, em vez de projetos de alta sofisticação, souberem detectar quais são os elementos essenciais que definem cada situação de aprendizado e de vida. Para tanto, são necessários saberes e recursos elementares: linguagens e ferramentas básicas ao alcance de todos, desde o início e desde o primeiro dia. Em vez de desenhar o horizonte final de um paradigma de conhecimento totalizador, o que precisamos é traçar as linhas básicas de seus pontos de partida. Os bons especialistas de cada campo são justamente os que entenderam o funcionamento mais básico das linguagens com que trabalham. Todo o sistema educacional e seus ambientes de aprendizado deveriam trabalhar coordenadamente para assegurar essas bases. Voltando ao sábio e educador Diderot, quando preparava o programa de uma universidade futura para a czarina da Rússia, ele escreveu num trecho do relatório: «O que uma pessoa precisa levar de uma escola pública? Bons elementos».[18]

Se o que queremos é dominar a complexidade, a velocidade e a incerteza, precisamos nos pôr em

---

18 Denis Diderot, *Pla d'una universitat o d'una educació* pública *en totes les ciències*. Valência: PUV, 2005, p. 50. [Ed. bras.: Denis Diderot, «Plano de uma universidade». In: Denis Diderot, *Obras I: filosofia e política*. Trad. J. Guinsburg. São Paulo: Perspectiva, 2000.]

mãos de especialistas e de tecnologias que façam grandes modelos, análises de prospectiva, consultorias, formação, avaliações, rubricas, powerpoints e, por fim, diretrizes fáceis que possamos seguir com credulidade. Contra essa forma de subordinação cognitiva, o mais efetivo é preparar e compartilhar «bons elementos»: este deveria ser, para mim, o único lema para uma boa educação e, ouso dizer, para a vida em geral.

«Bons elementos» é um lema que não admite a credulidade: os elementos devem ser testados. Para ver se resistem às armadilhas e aos equívocos. Se a matéria-prima de um prato é ruim, não faz diferença que o cozinheiro a disfarce com complexidade gastronômica. Se a capacidade linguística de alguém é pobre, pouco importam os títulos ou êxitos que acumule ou a linguagem de especialista que utilize, não poderá fazer nada além de dissimular sua impotência. Se a sensibilidade de escuta ou de percepção de uma pessoa é nula ou está saturada de códigos de reconhecimento, nunca terá acesso a uma experiência mínima do mundo que a rodeia. Se a relação entre dois sons ou duas cores não pode ser captada com uma sensibilidade livre, as listas musicais ou audiovisuais que poderemos acumular no celular serão mero ruído. Se quando um computador dá defeito só sabemos desligá-lo e reiniciá-lo, nunca pegaremos um lápis ou nos ocorrerá enviar um recado. Ficaremos sozinhos. Se, em qualquer canto do planeta, não sabemos sentir por onde o vento sopra, a consciência planetária que tivermos não fará diferença alguma, não veremos o fogo nem a tempestade. Se nunca nos olhamos nos olhos, não importa que participemos de cursos de gestão emocional e gerenciamento de equipes. Nunca poderemos nos relacionar com ninguém.

9. Disputar os futuros

O mesmo ocorre com os recursos e as ferramentas de aprendizado. Vivemos isso com a pandemia da Covid-19 e o fechamento das escolas. Será realmente que o principal problema de as escolas fecharem é que uma parte importante da população não tem acesso à internet? Em países com emissoras públicas de televisão e de rádio, espaço ao ar livre, bibliotecas repletas de livros fechadas e o sistema de correios e de distribuição domiciliar em funcionamento..., não é possível imaginar e organizar uma ação educativa coordenada e de qualidade a partir de todos esses elementos já existentes? Que imaginários e que interesses fazem com que isso não seja pensável e que todo o esforço seja dedicado a complicar ainda mais a situação buscando uma conectividade impossível ou transformando-a no pretexto para não fazer nada?

O futuro está na base; o amanhã, no ponto de partida. Os bons elementos estão ao alcance de todos, se os identificarmos, os elaborarmos e os compartilharmos. Essa é a tarefa principal dos educadores que ousam situar-se de igual para igual numa aliança entre aprendizes: preparar as matérias básicas com as quais se possa despertar a experiência do mundo e nos convidar a compartilhá-la. Como escrevemos anteriormente: «Não faça como eu, faça comigo».

Poéticas do tempo

«O tempo é ignorância»,[19] imagem borrada devido à imperfeição de uma descrição própria dos humanos. Essa é a tese a que o físico

---
19 Carlo Rovelli, *El orden del tiempo*. Barcelona: Anagrama, 2018, p. 108. [Ed. bras.: Carlo Rovelli, *A ordem do tempo*. Trad. Silvana Cobucci. Rio de Janeiro: Objetiva, 2018.]

teórico italiano Carlo Rovelli dedicou sua vida de cientista e que ele explica, entre outros livros, em *A ordem do tempo*. O mundo das micropartículas, em sua gramática elementar, é um mundo sem tempo. Não há um *agora*, um presente global objetivo para o universo, nem um antes e um depois. Apenas uma rede de interações, de acontecimentos que influenciam uns aos outros. «As coisas do mundo tecem danças em ritmos diversos.»[20] A temporalidade é a perspectiva que corresponde à região do mundo à qual pertencemos. Portanto, podemos dizer que somos nós que damos o tempo às coisas, ou à maneira como as coisas mudam entre si. Do mesmo modo, somos nós que damos o tempo a nós mesmos. Somos no tempo, não porque o tempo nos acolha ou nos determine, mas sim porque o criamos como uma forma de relação a partir de nossa ignorância do mundo. Por isso, o tempo não é uma variável física, mas sim uma poética. E não há um tempo único, mas múltiplas temporalidades que se tecem e que inclusive se contradizem entre si. Rovelli não se refere unicamente às formas culturais assumidas pelos calendários ou pelas cosmovisões do tempo. Refere-se ao próprio fato de ser tempo. Não é uma unidade, mas sim uma dissonância.

Nós somos o tempo. E o somos porque o cérebro, na insuficiência de sua perspectiva, trabalha como uma memória para unir os processos dispersos que compõem a experiência. O cérebro é uma máquina do tempo porque é, sobretudo, memória. A memória não apenas arquiva. Ela recorda para antecipar. A memória cria o futuro. Move-se para frente e para trás relacionando os vestígios que se acumulam em nosso cérebro e o que eles nos permitem imaginar. Com base em seu olhar de físico, Rovelli destaca a importância da memória.

---
20   Ibid., p. 21.

O mesmo supunha Diderot, e também é o que afirmam alguns filósofos e neurocientistas atuais. Como vimos, esse cérebro tecelão não se localiza apenas em nossos neurônios, mas também na ampla rede de relações que estabelecemos com nossos âmbitos de experiência.

Não é por acaso, então, que a guerra contra o tempo se tenha transformado também em uma guerra contra a memória e contra suas expressões culturais. Apresenta-se como um combate didático contra a má práxis da memorização sem sentido nem compreensão. Evidentemente, qualquer prática educativa que não gere sentido nem compreensão deve ser erradicada. O problema é que essa estigmatização da memória vai mais além. Não apenas se ataca a memorização mecânica, mas também se tenta nos convencer de que não é necessário recordar nada, porque tudo está na internet. Que não é preciso memorizar nada porque tudo é informação. Reduzir a memória à gestão da informação é anular sua condição criadora de experiência e geradora de tempos compartilhados.

Quem não se lembra de nada será escravo do presente e não poderá imaginar futuro algum. Quem não se lembra de nada é um terminal, uma interface por onde passam unidades de informação mais ou menos bem selecionada. Nada mais. Apagar as lembranças foi um sonho totalitário recorrente. Nos dias atuais, ensina-se a não lembrar, e por isso constantemente somos convidados a armazenar. Todos os dispositivos que acompanham nossa vida são armazenadores: arquivos digitais, nuvens on-line, galerias de fotos, redes de mensagens, aplicativos compartilhados... Mas a memória não é só um arquivo. É a atividade que permite que o arquivo sempre vivo de nossas pegadas tenha seu sentido e o renove, para nós mesmos e para outros. A memória cria o futuro. A educação cultiva o tempo fazendo da memória uma atividade significativa de transmissão, de interrogação e de transformação. Se a educação é a arte da existência, é porque é uma arte da memória. «Somos as histórias contidas nesses vinte complexos centímetros que temos atrás dos olhos, linhas desenhadas pelas pegadas que a agitação das coisas do mundo deixou e orientadas a prever acontecimentos do futuro.»[21]

Nesta guerra contra o tempo que é o presente em suspensão do capitalismo global, o ofício de educar se vê reduzido ao imediatismo dos resultados, ao presentismo dos procedimentos e à ameaça da perda de tempo. A experiência do trânsito, do percurso e da transformação por meio do aprendizado é substituída pela experiência da sucessão de instantes, de fases, de jogos organizados por etapas que se cancelam umas às outras. É a disrupção convertida em pedagogia: cada instante se fecha na evidência de seus resultados. Cada atividade começa e acaba em si mesma, em uma demanda exponencial de atividade sem direção. Trata-se de não parar nunca para não ir a lugar nenhum. Não há nada mais trágico, em nossa sociedade, do que ver crianças que desde muito pequenas passam pela experiência de não ter tempo. Não apenas lhes roubamos o futuro. Expulsamos a infância do tempo. *O tempo nunca é perdido.*

O tempo não é uma ilusão. É uma perspectiva. Como tal, não vem dada, mas sim tem de ser constantemente trabalhada. A cultura, incluindo sua dimensão científica, é a expressão desse trabalho sempre inacabado que dá forma ao tempo e à nossa ignorância do mundo. E a educação é a prática concreta com a qual os homens dão o tempo uns aos outros por meio das diferentes expressões que

---
21 Ibid., p. 140.

9. Disputar os futuros

lhe conferimos. Transforma essa ignorância profunda que temos do mundo em uma perspectiva a partir da qual podemos aprender juntos a viver. A educação é a oficina do tempo compartilhado. É o ateliê onde os aprendizes despertam e exercitam a imaginação.

Políticas da imaginação

Recordar é imaginar. Ou seja, tornar presente a imagem de uma coisa, pessoa, ideia ou sensação que não está e que por alguma razão, verdadeira ou não, situamos num passado. Da mesma forma, podemos imaginar o que nunca aconteceu ou o que um dia chegará a ser. A imaginação vincula, portanto, o que está ao que não está, o que sabemos ao que não sabemos, assim como as diferentes dimensões do tempo entre si. É curioso que uma atividade tão poderosa de nossa mente tenha sido tão menosprezada em nossa cultura. Ou talvez tenha sido justamente por isso. Por sua capacidade de gerar vínculos e relações de forma livre.

A imaginação esteve dominada por um paradigma epistemológico que, como vimos, se baseia na acumulação e sistematização do conhecimento considerado certo. Diante dessa aspiração, a imaginação é uma atividade inquietante que se move entre mundos supostamente incompatíveis: a sensibilidade e o entendimento, o corpo e a mente, a imagem e o conceito, a sensação e a razão, assim como os tempos diversos da experiência. A imaginação é a fronteira instável entre o ser e o não ser, entre o que sabemos e o que não sabemos.

Desde os primórdios da filosofia sistemática, a imaginação foi reduzida à categoria de uma faculdade mimética de pouco valor e muito exposta à ilusão e ao erro. É a posição que Platão lhe confere, por exemplo, na famosa «teoria da linha» que ele expõe em *A República*. A subjetividade moderna lhe dará mais atribuições, e a imaginação já não será considerada apenas mimética ou representativa, mas também uma faculdade produtora e criativa. Justamente por isso, será vista como ainda mais perigosa e será ou submetida à normatividade do conhecimento verdadeiro, ou relegada à atividade estética, à infância e à brincadeira. Daí a maneira pela qual ainda hoje nos referimos à imaginação como uma virtude artística ou como uma característica que apreciamos nas crianças. Em contrapartida, quando nos referimos a um adulto muito imaginativo, em geral começamos a nos preocupar...

No entanto, a imaginação não é apenas uma faculdade subordinada ao conhecimento. É a atividade que torna presente o ausente e justamente por isso, para além da estética, é também uma virtude ética e política. Essa imaginação, porém, não é uma atividade espontânea e pura, conforme deram a entender as elaborações românticas da imaginação como uma fonte de criação não contaminada. A atividade de imaginar está condicionada e colonizada por todo o legado cultural, afetivo e político que organiza o sentido de nossa existência histórica. Por isso é preciso «exercitar a imaginação», como defende a filósofa indiana Gayatri Spivak, a quem já fizemos múltiplas referências ao longo deste livro. Exercitar a imaginação para preparar o conhecimento e reorganizar os desejos é, para Spivak, a tarefa de uma educação inseparavelmente estética e política.[22] A imaginação, escreve Spivak, é «*the instrument of the othering*»,[23] o instrumento que faz outro ao outro e a si

---

22 Gayatri Spivak, *An Aesthetic Education in the Era of Globalization*. Cambridge (Mass.): Harvard University Press, 2012, p. 122.
23 Ibid., p. 324.

mesmo. O instrumento do estranhamento, poderíamos chamá-lo assim, e portanto a base da aliança dos aprendizes. A imaginação desorganiza os aprendizes meramente adaptativos, mas não é arbitrária, porque incorpora e compõe, literalmente, as existências estranhas. Tem de acolhê-las e aprender com elas sem envergonhá-las nem envergonhar-se. Envergonhar é o contrário de imaginar: anular e destruir a existência do outro, a singularidade de sua perspectiva sobre o mundo. Por isso a imaginação é o substrato da convivência.

Não há imaginação, pois, que não seja política. O individualismo nos fez acreditar que ser imaginativo é uma característica própria de cada um, inclusive um dom, uma graça ou um talento que alguns têm e outros não. Mas a imaginação não é um dom, é uma prática que se aprende: é a prática de tornar presente o ausente. É a composição livre, mas não arbitrária, das perspectivas sobre o mundo. Para o professor David Bromwich, trata-se do poder de conferir a mais alta realidade possível a pensamentos, ações ou pessoas que não são nem nossos nem estão próximos de nós. A condição para tal, de acordo com a reflexão dele, é reconhecer que jamais conheceremos o suficiente a nós mesmos a ponto de podermos nos basear em uma identidade que prescreva nossa conduta.[24] Assim, a imaginação, como força ética, deriva de um não saber, de um não nos conhecer o bastante que nos abre à existência e à perspectiva dos outros. De outros presentes, mas também daqueles que já existiram ou estão por vir.

Faz muitos anos que autores como George Orwell, entre outros, alertaram sobre a agonia da imaginação, como aquele animal que no cativeiro não pode crescer. É um tema recorrente

---

24 David Bromwich, *Moral Imagination*. Princeton (NJ): Princeton University Press, 2014, p. 11.

Escola de aprendizes

sobretudo na literatura contemporânea. A década do cérebro possibilitou que esse alerta se alimente de narrativas e de personagens distópicos, cujo cérebro tunado e submetido à intervenção das máquinas e da química seria capaz de programar sua própria imaginação. A química já monitora e controla nossas emoções. O futuro que não sabemos imaginar já está aqui. O sistema do capitalismo cognitivo busca soluções inovadoras, respostas criativas, saltos tecnológicos, propostas disruptivas... Treina as mentes no exercício de um engenho rápido e padronizado. Mas neutraliza e castiga a imaginação ética e política que entrelaça os tempos, ausentes e presentes, e acolhe as existências estranhas. O analfabetismo ilustrado é um sistema de conhecimento sem imaginação. Por isso seu saber se acumula sem gerar relações possíveis, nem meios habitáveis nem composições que possamos discutir ou compartilhar.

Sem necessidade de recorrer a distopias tecnofuturistas, as palavras mais impactantes sobre a imaginação em perigo eu escutei diretamente da boca da socióloga turca exilada Nazan Üstündag, num ato de que participamos juntas em junho de 2018 em Barcelona sobre a filosofia que havia por trás da revolta das mulheres de Rojava, no Curdistão turco. Nazan Üstündag explicava como os movimentos sociais turcos de 2011, que se cristalizaram em torno da conhecida revolta de Gezi Park, em muito pouco tempo estiveram submetidos a níveis de repressão, tortura e ameaça pessoal e coletiva que nunca teriam podido imaginar. É preciso ler os relatos do livro *Istambul Istambul*, de Burhan Sönmez — o qual também foi vítima de represália —, para chegar a fazer uma ideia.[25] Não ter podido imaginar foi uma de

---

25 Burhan Sönmez, *Estambul, Estambul*. Barcelona: Minúscula, 2019. [Ed. bras.: Burhan Sönmez, *Istambul Istambul*. Trad. Tânia Ganho. Rio de Janeiro: Tabla, 2021.]

suas principais fragilidades, o que os levou a uma destruição inesperada; e a muitos, como a eles dois, à repressão e ao exílio. Üstündag, na conversa a que assisti, fez um apelo à cultura, ao pensamento e ao ativismo como uma «autodefesa da imaginação». Autodefesa da imaginação para poder continuar imaginando presentes mais justos e futuros melhores, apesar da repressão. Mas também autodefesa da imaginação como a necessidade de não esquecer que o pior também pode ocorrer e que às vezes está mais perto do que podemos pensar.

O problema da educação hoje é que a atual guerra contra o tempo torna muito difícil ler o presente e nos obriga a disputarmos os poucos futuros que nos são oferecidos. Para alguns, esses futuros têm forma de ilha de luxo no meio do marasmo; para outros, forma de colete salva-vidas num mar tempestuoso e sem socorristas. Quase não há margem. Nem trânsito, nem percurso. Só uma corrida impulsionada pela ameaça: até onde você chegará antes de cair, se é que chegará a sair?

Diante dessa ameaça, a escola de aprendizes não pretende restaurar a segurança do tempo da promessa, que projeta o sentido do esforço de hoje no prêmio de amanhã. A educação não é uma agência de seguros onde cada estudante poderia calcular sua carteira de riscos e de oportunidades. É um convite a compreender o presente para poder imaginar o futuro. O convite a tornar próximo o estranho; e estranho, o próximo. O futuro nada mais é que um presente bem imaginado. E a educação, o ofício e o compromisso de aprender a fazê-lo sem se envergonhar.

Epílogo

Não queremos saber

Texto
Marina Garcés
para a Escola Massana
Centre d'Art i Disseny
Outono de 2017

Ilustração
Bendita Gloria

Não queremos saber.

Não queremos saber seus saberes temerosos.

Tampouco somos guiados pelos mapas das prisões do possível.

Epílogo

A burocracia, o cinismo e o oportunismo são o pão com que se escravizam as mentes, se refreiam os desejos e se domesticam os desafios. Não queremos aprender a calcular *o preço da angústia*.

Não queremos saber o que se deve saber.

Nem ser excelentes.

Nem ser competentes.

Tampouco obedientes ou complacentes.

Epílogo

Para nós é mais importante o que não sabemos do que os conhecimentos que já temos. Por isso, entre nós, damos lugar aos mestres, aos mestres verdadeiros que fazem e deixam pensar, que fazem e deixam viver, que fazem e deixam crescer.

Mestres antigos para problemas sempre novos.

Receber é mais importante que comunicar.

Escutar é mais importante que produzir.

Acompanhar é mais importante que projetar.

Não há aprendizes sem mestres, nem mestres que não sejam, sempre e ainda, aprendizes.

Num tempo em que a vida e a experiência foram privatizadas e individualizadas, a autoformação, a autoajuda, a automação e a autoestima dinamitaram o valor da transmissão.

Transmitir é poder dizer *nós* por meio do que nos damos: saberes, experiência, palavras, problemas, vivências, formas e sentidos.

Epílogo

Por tudo isso, gostamos de cuidar da palavra *escola* e da palavra *estudo*.

A escola é o lugar onde o estudo é a atividade por meio da qual compartilhamos nossos aprendizados. Nem toda escola é uma escola, nem todos os estudos do mercado nos permitem estudar. Fazer escola é dispor do espaço, do tempo e da atenção que tornam possível que o estudo nos transforme e nos exponha a uma relação com conteúdos que não nos deixarão iguais.

Quando *estudar* passa a significar «tirar um diploma», fica claro que temos um verbo expropriado que precisamos reconquistar.

Estudar é o que faz qualquer pessoa que indague e mantenha desperta a atenção acerca do que ainda não foi codificado.

Não queremos saber seus saberes temerosos, como dizíamos.

Por isso precisamos aprender a dúvida que interrompe as credulidades de nosso tempo.

Epílogo

Queremos forjar os saberes que combatem as opressões de nosso mundo. Porque nunca sabemos o bastante se o que queremos é fazer um mundo melhor, nem nunca sabemos tudo se o que nos move é não deixar de tentá-lo.

Este desafio não tem limites de idade, nem mínima nem máxima: é um apelo à cumplicidade dos menores e dos maiores.

Também não tem limites de língua, de raça, de gênero nem de origem: os saberes tecem o contínuo da diversidade do mundo e envolvem mãos, matérias, palavras, texturas e horizontes.

Porque carregarmos conosco o impulso desse desejo e a riqueza dessa diversidade de mundos, nossa voz é a voz dos aprendizes, daqueles para os quais aprender não é um trâmite nem um trânsito, mas sim uma contínua forma de compromisso.

Nossos desafios são modestos e ambiciosos ao mesmo tempo.

Seu ponto de partida é a matéria bruta do mundo.

Seu horizonte, aquele que pode ser esboçado pelas ideias de uma cidade-escola a céu aberto.

Trotzdem

1. *Estrangeiros residentes*, Donatella Di Cesare
2. *Contra o mundo moderno*, Mark Sedgwick
3. *As novas faces do fascismo*, Enzo Traverso
4. *Cultura de direita*, Furio Jesi
5. *Punir*, Didier Fassin
6. *Teoria da classe inadequada*, Raffaele Alberto Ventura
7. *Classe*, Andrea Cavalletti
8. *Bruxas*, Mona Chollet
9. *Escola de aprendizes*, Marina Garcés

Dados Internacionais de Catalogação na Publicação (CIP)
(Câmara Brasileira do Livro, SP, Brasil)

Garcés, Marina
 Escola de aprendizes / Marina Garcés ; tradução
Tamara Sender. -- Belo Horizonte, MG : Editora Âyiné, 2023.

 Título original: Escuela de aprendices
 ISBN 978-65-5998-061-1

 1. Educação - Filosofia 2. Ensaios I. Título.

23-158999   CDD-370.1

Índices para catálogo sistemático:
1. Educação : Filosofia : Ensaios 370.1
Eliane de Freitas Leite - Bibliotecária - CRB 8/8415

Composto em Patos,
fonte de Federico Paviani.
Belo Horizonte, 2023.